GUIA VISUAL FOLHA DE S.PAULO

TOP 10 BARCELONA

ANNELISE SORENSEN
E RYAN CHANDLER

DK PUBLIFOLHA

DK | Penguin Random House

Top 10 Barcelona

Top 10 de Tudo

SUMÁRIO

Área por Área

Dicas de Viagem

Na opinião dos editores, as atrações das listas Top 10 têm a mesma relevância e não seguem ordem de qualidade ou popularidade.

A sigla AD significa acesso para portadores de deficiência.

Legenda das fotos:
Capa e lombada *Telhado da Casa Batlló, de Gaudí*
Contracapa *Plaça Reial, no Barri Gòtic*
Página 1 *Fachada da Sagrada Família*

Bem-vindo a Barcelona

À beira do mar Mediterrâneo, a capital catalã ostenta um dos maiores e mais bem preservados bairros medievais da Europa, e a mais bela coleção de arquitetura *modernista* do mundo. Vale-se também de ótimo design contemporâneo, de culinária de fama mundial e de intensa vida noturna. Com o Guia Visual Barcelona Top 10, a cidade é sua.

Apesar do agito das cidades grandes, Barcelona é um lugar para se demorar, seja na orla bordada de palmeiras, num café em uma praça medieval ou fazendo piquenique no **Parc Güell** ou num jardim de **Montjuïc**. Descubra a cidade a pé, perdendo-se no labirinto de ruas do **Barri Gòtic**, e veja os detalhes – festões de cerâmica, balaustradas de ferro forjado, azulejos coloridos – das casas *modernistas* do **Eixample**. As ruas expõem muita **arte pública**, dos murais de Haring às esculturas de Lichtenstein, e há vários museus dedicados a Picasso, Miró e à arte contemporânea, entre outros.

A culinária catalã moderna é inovadora e arrojada, e, ao lado da gastronomia molecular de restaurantes premiados, vários lugares servem pratos locais preparados de modo tradicional. As animadas festas típicas mostram os aspectos que tornam Barcelona tão diferente do resto da Espanha. Nada de flamenco por aqui – em vez disso, surpreenda-se com habitantes locais construindo *castells* gigantescos ou demônios e dragões cuspindo fogo nos *correfocs*.

Seja para um único fim de semana ou estadias maiores, nosso guia Top 10 descreve o que Barcelona tem de melhor para oferecer, desde a obra-prima de Gaudí, a **Sagrada Família**, até um labirinto do século XVIII no **Parc del Laberint d'Horta**. As dicas vão de atividades gratuitas até como evitar multidões, além de nove itinerários fáceis de seguir, projetados para conhecer várias atrações em pouco tempo. Acrescente a isso lindas fotografias e mapas detalhados, e desfrute de um companheiro essencial de viagem que cabe no bolso. **Aproveite o livro e curta Barcelona**.

No sentido horário, de cima para baixo: **Museu Nacional d'Art de Catalunya; vitrais do Palau de la Música Catalana; chaminés de La Pedrera; Parc Güell; janela da Casa Batlló; labirinto do Parc del Laberint d'Horta; Museu d'Art Contemporani e Centre de Cultura Contemporània**

Explore Barcelona

Você vai se deparar com inúmeras opções de coisas para ver e fazer em Barcelona, cidade repleta de prédios históricos, parques, museus e praias. Seja para um fim de semana ou para conhecer melhor a cidade, esses itinerários de dois e quatro dias vão ajudá-lo a aproveitar ao máximo a sua estadia.

Dois Dias em Barcelona

Dia 1

MANHÃ

Passeie pela avenida mais famosa de Barcelona, **La Rambla** *(pp. 16-7)*, depois mergulhe no emaranhado de ruas medievais que formam Barri Gòtic e visite a **Catedral de Barcelona** *(pp. 18-9)*.

TARDE

Siga explorando o coração histórico de Barcelona com um passeio pelo bairro El Born. Visite o **Museu Picasso** *(pp. 30-1)* e tente obter ingressos para assistir a um espetáculo noturno no luxuoso e modernista **Palau de la Música Catalana** *(pp. 32-3)*.

Dia 2

MANHÃ

Aproveite a manhã para admirar a incrível **Sagrada Família** de Gaudí *(pp. 12-5)*, mas compre ingressos on-line com antecedência para evitar as longas filas de espera.

TARDE

Suba de funicular a verdejante colina de Montjuïc até a **Fundació Joan Miró** *(pp. 28-9)*, incrível prédio moderno que abriga uma coleção espetacular de obras de Miró.

Quatro Dias em Barcelona

Dia 1

MANHÃ

Visite o lúdico e pitoresco **Parc Güell** *(pp. 22-3)*, patrimônio da humanidade reconhecido pela Unesco.

TARDE

Siga para o sul, até o prédio mais icônico da cidade, a **Sagrada Família** *(pp. 12-5)*, mas compre de antemão

O animado Mercat de la Boqueria é um dos maiores mercados de produtos frescos, queijos e carnes da Europa.

os ingressos on-line para evitar filas. Visite o **Museu Picasso** *(pp. 30-1)*, situado em um conjunto de cinco palácios góticos interligados.

Dia 2

MANHÃ

Faça um passeio pela **Rambla** *(pp. 16-7)*, e não deixe de visitar o **Mercat de la Boqueria** *(p. 68)* para descobrir sua incrível variedade de produtos frescos. Siga então pelas ruas medievais do Barri Gòtic até a **Catedral de Barcelona** *(pp. 18-9)*.

TARDE

Conheça as lojas descoladas do elegante **Passeig de Gràcia** *(p. 66)* e visite um dos mais notáveis prédios de Gaudí, **La Pedrera** *(pp. 26-7)*. No verão, desfrute os concertos de jazz que ocorrem no seu famoso telhado ondulado.

A **Sagrada Família**, pitoresca obra-prima de Gaudí, tornou-se símbolo icônico de Barcelona.

A **Catedral de Barcelona**, do século XIII, tem fachada imponente e claustro tranquilo.

Dia ❸

MANHÃ

Relaxe em um dos inúmeros jardins de Montjuïc, como os charmosos **Jardins Laribel** ou nos frondosos bosques dos **Jardins de Miramar** *(p. 98)* antes de visitar a **Fundació Joan Miró** *(pp. 28-9)*, um dos maiores acervos de Miró do mundo.

TARDE

Uma única tarde não basta para visitar cada galeria do **Museu Nacional d'Art de Catalunya** *(pp. 20-1)*, mas as coleções românica e gótica são imperdíveis. De noite, não perca o espetáculo de luz e som da **Font Màgica** *(p. 95)*.

Dia ❹

MANHÃ

Visite o **Palau de la Música Catalana** *(pp. 32-3)*, fantástica obra-prima modernista com um auditório impressionante.

TARDE

Não perca o acervo de arte contemporânea do **Museu d'Art Contemporani (MACBA) e do Centre de Cultura Contemporània (CCCB)** *(pp. 34-5)* e, a seguir, descanse tomando café na **Rambla del Raval.**

Top 10 Barcelona

As altas colunas semelhantes a árvores
da nave da Sagrada Família

TOP 10 Destaques

Abençoada por uma genética geográfica ideal, essa joia do Mediterrâneo reúne um pouco de tudo, de prédios modernistas, ruas medievais e charmosas praças até praias, ricos museus e uma área portuária fervilhante.

Sagrada Família 1

A obra-prima transcendental de Gaudí é o eterno símbolo da cidade e seu legado modernista. Oito das 18 torres planejadas erguem-se ao céu *(pp. 12-5)*.

2 La Rambla

Ponto focal de Barcelona, essa alameda corta um bom trecho do centro histórico com seu animado calçadão para pedestres, indo da Plaça de Catalunya até o resplandecente Mediterrâneo *(pp. 16-7)*.

3 Catedral de Barcelona

O principal destaque do Centro Histórico é essa magnífica catedral gótica, com sua fachada elaborada e um belíssimo claustro ao ar livre, com palmeiras e gansos que andam pela área *(pp. 18-9)*.

Museu Nacional d'Art de Catalunya 4

O majestoso Palau Nacional é a sede do Museu Nacional d'Art de Catalunya (MNAC), que abriga um dos maiores acervos de arte românica do mundo. As obras foram resgatadas de igrejas de toda a Catalunha na década de 1920 *(pp. 20-1)*.

5 Parc Güell

Com seu pitoresco dragão, pavilhões de contos de fadas e um banco sinuoso com linda vista da cidade, esse parque mágico é uma obra-prima de Gaudí *(pp. 22-3)*.

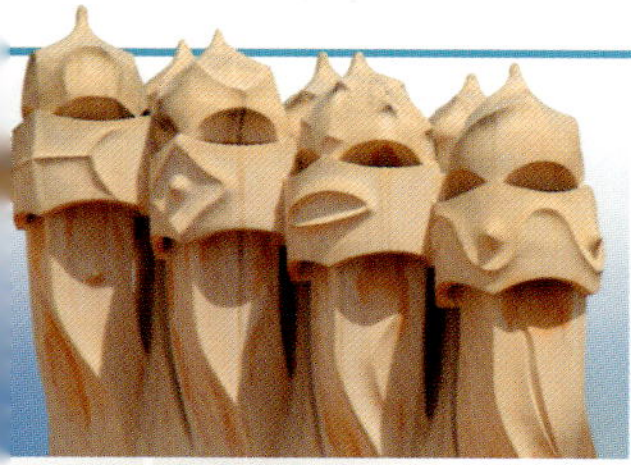

6 La Pedrera

Típica de Gaudí, essa maravilha modernista parece surgir como extensão do próprio piso. Sua fachada ondulante é fluida e viva e as chaminés da cobertura são como cavaleiros de olhos atentos *(pp. 26-7)*.

7 Fundació Joan Miró

Esse museu é uma feliz fusão de arte e arquitetura. O lugar exibe a obra do catalão Joan Miró, um dos maiores artistas do século XX, com pinturas, esculturas, desenhos e tapeçarias que cobrem 60 prolíficos anos *(pp. 28-9)*.

8 Museu Picasso

Sediado num complexo de palacetes medievais, esse museu exibe a trajetória de Picasso, com um acervo de seus primeiros trabalhos – entre eles, magníficos retratos que ele pintou aos 13 anos de idade *(pp. 30-1)*.

Palau de la Música Catalana 9

Além de sala de concertos, o Palácio da Música Catalã é um dos grandes exemplos da exuberante arquitetura modernista de Barcelona *(pp. 32-3)*.

10 Museu d'Art Contemporani e Centre de Cultura Contemporània

O deslumbrante museu de arte contemporânea da cidade e seu moderno centro cultural deram nova cara à área de El Raval *(pp. 34-5)*.

TOP 10 Sagrada Família

A simples visão da Sagrada Família provoca grande impacto. Um prodígio da imaginação, essa igreja de Antoni Gaudí gerou muita controvérsia. Oferece a oportunidade única de apreciar o processo de construção de uma maravilha arquitetônica. Nos últimos 90 anos, a um custo incalculável, escultores e arquitetos continuam a colocar em prática o sonho de Gaudí. Hoje financiada por mais de 1 milhão de visitantes ao ano, estima-se que ficará pronta em 2026, centésimo aniversário da morte do arquiteto.

1 Escadas em Espiral

As escadas helicoidais de pedra **(acima)** no interior das torres parecem caracóis.

2 Modelo Suspenso

O dispositivo nos mostra a engenhosidade de Gaudí. Ele fabricou um modelo em 3D – com correntes e pequenos sacos de bolinhas de chumbo – para testar os arcos e as abóbadas da cripta Colonia Güell. Gaudí foi o primeiro arquiteto da história a projetar uma construção usando esse recurso.

3 Nave

O imenso corpo central do templo **(à dir.)**, hoje concluído, é composto por colunas inclinadas, em forma de árvore, cujos ramos inspirados em bananeiras estendem-se pelo teto, produzindo o efeito de uma belíssima floresta de pedra.

4 Fachada da Natividade

Mostra o amor de Gaudí pela natureza **(à dir.)**, com uma centena de espécies de plantas e animais esculpidos na pedra e duas colunas principais sustentadas por tartarugas.

5 Fachada da Paixão

Criada entre 1954 e 2002, a obra de Josep Subirachs mostra a dor e o sacrifício de Jesus. O contraste do estilo gótico de Subirachs com o intrincado trabalho original de Gaudí gerou muita polêmica.

6 Torres

Para ver de perto as gárgulas e os mosaicos das torres **(à dir.)**, pegue o elevador até o alto do campanário. A vista de lá também é espetacular.

Planta da Sagrada Família

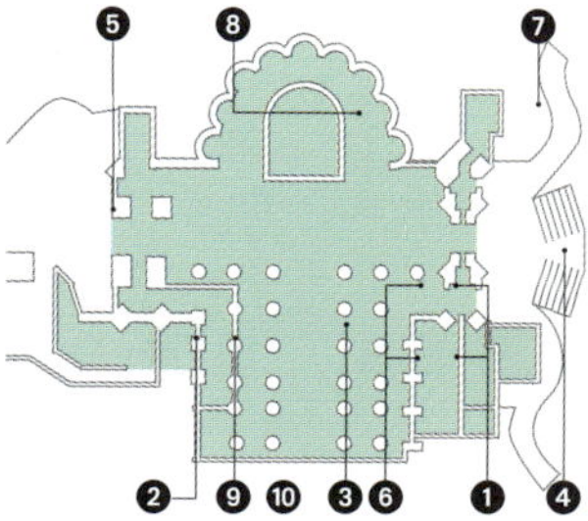

7 Claustro do Rosário

É o único claustro concluído por Gaudí. Acredita-se que suas imagens são inspiradas nos tumultos anarquistas de 1909 *(pp. 38-9)*. Uma serpente em torno de um rebelde representa o homem sendo tentado pelo diabo.

8 Abside

Adornada com lagartos, serpentes e quatro caracóis imensos, a abside foi a primeira seção da igreja a ser concluída por Gaudí.

Museu da Cripta 9

Gaudí descansa hoje nessa cripta **(à dir.)**, e seu túmulo é visível desde o museu. Exposições audiovisuais oferecem informações sobre a construção da igreja. Um dos destaques é a oficina de maquetes, onde são produzidas as miniaturas dos trabalhos em andamento.

10 Obra em Processo

A igreja tem atividade incessante: há escultores pendurados nas torres, pedreiros esculpindo imensas lajes de pedra e guindastes e andaimes por todo lado. Observar a obra em processo dá aos visitantes uma ideia da monumental escala do projeto.

INFORMAÇÕES

MAPA G2 ■ Entrada: C/Marina (grupos) e C/Sardenya ■ 93 207 30 31 ■ www.sagradafamilia.org

Aberto 9h-18h diariam (até 19h mar e out, 20h abr-set)

Entrada paga €15 (€22 com audioguia); €18,50 ingresso combinado com Casa-Museu Gaudí, com audioguia (€29 com acesso aos elevadores). Recomenda-se reservar on-line.

Para detalhes sobre visitas guiadas visite o site

AD limitado

■ **Sente na varanda de um bar na vizinha Av Gaudí e aprecie a vista da Sagrada Família iluminada à noite.**

■ **A melhor hora para tirar fotos é antes das 8h: a luz na Fachada da Natividade é excelente e as excursões ainda não chegaram.**

■ **No criptograma na Fachada da Paixão a soma dos números equivale à idade de Cristo quando morreu.**

Guia da Atração

Entrada principal, lojas de presentes e elevadores na C/Marina, em frente à Fachada da Natividade. Há dois elevadores, um para cada fachada (as escadas não estão abertas ao público). O museu fica perto da entrada da C/Sardenya. Já estão prontas oito das dezoito torres planejadas.

Datas-chave da Sagrada Família

1 1882
É lançada a pedra fundamental da Sagrada Família, tendo o arquiteto Francesc del Villar como chefe do projeto. Villar demite-se logo depois por desavenças com as autoridades religiosas.

2 1883
O jovem e promissor Antoni Gaudí assume como principal arquiteto. Ele dedica os 40 anos seguintes de sua vida ao projeto: no final, acaba residindo na obra.

3 1889
É concluída a cripta, rodeada por várias capelas, uma das quais, mais tarde, abrigaria o túmulo de Gaudí.

4 1904
São dados os toques finais na Fachada da Natividade, que retrata Jesus, Maria e José no meio de um coro de anjos.

Vitral na abside

5 1925
É concluída a primeira das dezoito torres planejadas, com 100m de altura.

Escultura na Fachada da Paixão

6 1926
Em 10 de junho, Gaudí morre atropelado por um bonde numa rua próxima à igreja. Na hora, ninguém reconheceu o arquiteto mais famoso da cidade.

7 1936
A partir do golpe militar e da Guerra Civil Espanhola, a construção da Sagrada Família fica interrompida por vinte anos. Durante esse período, o estúdio de Gaudí e a cripta da Sagrada Família são queimados por revolucionários, que atacam a Igreja Católica por ela ter apoiado os militares.

8 1987-90
O escultor e pintor Josep Maria Subirachs (1927-) passa a morar na Sagrada Família, como fez seu famoso predecessor. Subirachs conclui a estatuária da Fachada da Paixão. Suas figuras angulares e severas, de forte impacto, recebem elogios e críticas.

9 2000
Em 31 de dezembro, a nave finalmente é declarada concluída.

10 2010-26
O interior da igreja é terminado e, em novembro de 2010, o papa Bento XVI a consagra como basílica. Prevê-se a conclusão total da Sagrada Família para 2026. A obra – como Gaudí pretendia – depende exclusivamente de donativos. O trabalho de construção vem ganhando forte impulso ultimamente devido ao grande número de visitantes, que pagam ingresso para visitar o templo.

ANTONI GAUDÍ

Gaudí (1852-1926)

Adepto do movimento modernista do final do século XIX, Antoni Gaudí é o arquiteto mais famoso de Barcelona. Católico devoto e defensor do nacionalismo catalão, teve uma existência quase monacal, consumido por seu trabalho como arquiteto e vivendo com extrema simplicidade. Em 2003, o Vaticano iniciou o processo de beatificação de Gaudí, primeiro passo para a declaração de sua santidade. O legado extraordinário de Gaudí é a principal atração arquitetônica de Barcelona. Seu nome vem do verbo *gaudir*, "desfrutar" em catalão, e sua obra de fato destaca-se pela exuberância e por um sentido lúdico. Como era característico do *Modernisme*, a natureza é um tema constante, não só nos motivos decorativos, mas também na própria estrutura das obras de Gaudí. Seu estilo inovador é marcado por portões de ferro elaborados e pelo uso do mosaico *trencadís*.

TOP 10 ATRAÇÕES DE GAUDÍ EM BARCELONA

1 **Sagrada Família**

2 **La Pedrera** (1910) *pp. 26-7*

3 **Parc Güell** (1900) *pp. 22-3*

4 **Casa Batlló** (1905) *pp. 45*

5 **Palau Güell** (1890) *p. 87*

6 **Bellesguard** (1875)

7 **Finca Güell** (1887)

8 **Casa Calvet** (1899)

9 **Colegio Teresiano** (1890)

10 **Casa Vicens** (1885)

A **Casa Batlló** tem chaminés enfeitadas com azulejos. Esses adornos, pouco comuns na maioria dos prédios, acabaram por se tornar marca registrada de Gaudí.

TOP 10 La Rambla

Talvez não haja melhor lugar no país para curtir o ritual hispânico do *paseo* (passeio) do que essa ampla alameda para pedestres. Agitada de dia e de noite, a Rambla é um paraíso para os olhos. Estátuas vivas coloridas destacam-se entre a multidão, enquanto músicos de rua alegram o ambiente e caricaturistas fazem retratos dos passantes. Nesse clima de feira ao ar livre, vendem-se flores e suvenires; nas bancas 24 horas você encontra desde o *Financial Times* até vídeos adultos.

Multidão em La Rambla

1 Gran Teatre del Liceu

A casa de ópera da cidade **(à dir.)**, de 1847, apresentou ao mundo estrelas como Montserrat Caballé. Duas vezes incendiada, foi totalmente restaurada *(p. 54)*.

2 Mercat de la Boqueria

Um delirante santuário da comida, a Boqueria tem de tudo: de pilhas de frutas a leitões e lagostas, além de locais para comer *(p. 68)*.

3 Bancas de Flores

La Rambla é um lugar cheio de vida e de distrações para os olhos, mas o que perdura são as bancas de flores no centro da alameda, muitas pertencentes a uma mesma família há várias gerações.

4 Monument a Colom

Apontando para o mar, essa estátua de bronze de Cristóvão Colombo (1888) **(à esq.)** celebra sua volta à Espanha após a descoberta da América. Um elevador leva os visitantes ao topo da coluna, de onde se apreciam vistas magníficas *(p. 102)*.

5 Font de Canaletes

Garanta uma nova visita à cidade bebendo dessa fonte do século XIX **(à dir.)**. Nela consta a inscrição de uma lenda segundo a qual quem beber de sua água "vai se apaixonar por Barcelona e sempre voltar a ela".

6 Mosaico de Miró

Na calçada da Rambla há um mosaico do artista catalão Joan Miró. Suas características formas abstratas e cores primárias forjam uma bela obra aos pés dos pedestres *(p. 71)*.

7 Palau de la Virreina

Esse palacete neoclássico foi construído pelo vice-rei do Peru para a sua esposa em 1778. Hoje abriga o Institut de Cultura de l'Ajuntament de Barcelona, que realiza exposições e eventos culturais.

INFORMAÇÕES

Mercat de la Boqueria: **MAPA L3**
■ La Rambla 91 ■ www.boqueria.info
■ 8h-20h30 seg-sáb

Palau de la Virreina: **MAPA L3**
■ La Rambla 99 ■ lavirreina.bcn.cat
■ 12h-20h ter-dom; Centro de Informações Culturais 10h-20h30 diariam

Gran Teatre del Liceu: **MAPA L4**
■ La Rambla 51-59
■ www.liceubarcelona.cat

Arts Santa Mònica: **MAPA L5**
■ La Rambla 7 ■ www.artssantamonica.cat ■ 11h-21h ter-sáb, até 17h dom

■ Vá até o Cafè de l'Òpera, no nº 74 *(p. 64)*, e curta o ambiente da Rambla bebericando um delicioso *granissat* (bebida com gelo picado).

■ Cuidado: há muitos batedores de carteira em La Rambla.

8 Edifício Bruno Quadras

Antiga fábrica de guarda-chuvas do final do século XIX **(acima)**, hoje é decorado com esses objetos.

9 Arts Santa Mònica

Antes um reduto santificado de retiro e orações, esse antigo mosteiro do século XVII foi reabilitado na década de 1980 graças a uma grande reforma financiada pelo governo. Hoje é um centro de arte contemporânea de última geração, com exposições variadas, de escultura a fotografia e grandes instalações de vídeo.

10 Església de Betlem

Uma relíquia do tempo em que a Igreja Católica era mais rica e poderosa, essa sólida igreja do século XVII lembra uma época em que a Rambla era mais religiosa e bem menos ousada do que hoje *(p. 41)*.

TOP 10 Catedral de Barcelona

De seu claustro gótico e suas capelas barrocas até a esplêndida fachada do século XIX, essa catedral de 1298 é um amálgama de estilos arquitetônicos, cada um deles pagando tributo a um período específico da história religiosa da Espanha. Registros mostram que um antigo batistério cristão, estabelecido ali no século VI, foi depois substituído por uma basílica românica no século XI, a qual deu lugar à atual catedral gótica. Esse monumento vivo ainda funciona como centro espiritual do Barri Gòtic.

1 Fachada Principal

A fachada do século XIX **(abaixo)** conta com torres gêmeas, além de vitrais modernistas e cem anjos esculpidos. Uma restauração que se estendeu por oito anos foi concluída em 2011.

2 Bancos do Coro

Os bancos do coro (1340), com espiras em madeira, são decorados com brasões de armas do artista Joan de Borgonya.

4 Nave e Órgão

A imensa nave **(acima)** é sustentada por arcobotantes góticos, que se estendem sobre dezesseis capelas. Um órgão do século XVI preenche a catedral de música durante a missa.

3 Claustro

Ornamentado com palmeiras e gansos criados soltos, esse claustro do século XIV tem uma fonte coberta de limo, encimada por uma pequena estátua de ferro de Sant Jordi – São Jorge *(p. 41)*.

5 Cripta de Santa Eulàlia

No centro dessa cripta fica o sarcófago de alabastro (1327) de Santa Eulàlia **(à dir.)**, primeira padroeira de Barcelona. Relevos retratam seu martírio.

6 Capella de Sant Benet

Em homenagem a São Bento Abade, padroeiro da Europa, essa capela mostra uma peça de altar do século XV, a *Transfiguração do Senhor*, do ilustre artista catalão Bernat Martorell.

7 Capella de Santa Llúcia

Essa bela capela românica é dedicada a Santa Luzia, protetora dos olhos *(p. 41)*. No seu dia (13 de dezembro), cegos e deficientes visuais chegam em grande número para fazer orações.

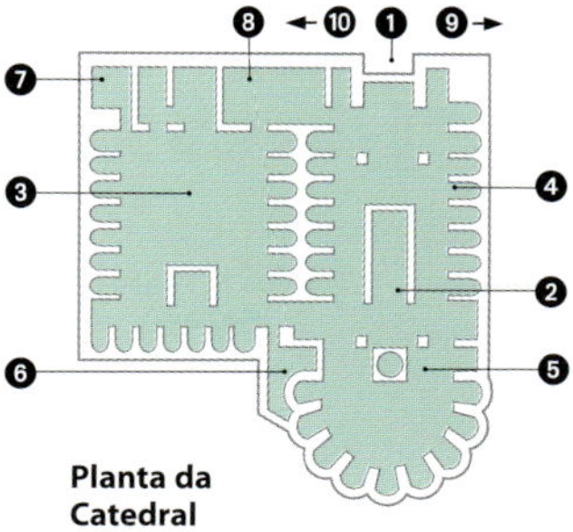

Planta da Catedral

8 Capella del Santíssim Sacrament i Crist de Lepant

Erguida no século XV, essa capela **(à esq.)** celebra hoje o Cristo de Lepanto, que, de acordo com a lenda, guiou a frota cristã na batalha contra os turcos otomanos no século XVI.

9 Pia Almoina e Gaudí Exhibition Center

Datada do século XI, a Pia Almoina, que já foi pousada de peregrinos e dos pobres, abriga o Gaudí Exhibition Center, que exibe uma coleção de objetos de Antoni Gaudí.

10 Casa de l'Ardiaca

Construída no século XII, a Casa do Arcediago fica perto de onde era o Portal do Bispo, nos muros romanos da cidade. Ampliada ao longo dos séculos, tem agora um agradável pátio sombreado e uma fonte.

INFORMAÇÕES

Catedral: **MAPA M3** ■ Pl de la Seu ■ 93 342 82 62 ■ www.catedralbcn.org ■ 8h-17h30 seg-sex, até 20h sáb-dom ■ Grátis para catedral e claustro (doação sugerida de €7; 13h-17h30 seg-sex, 13h-17h sáb-dom); coro e terraços (via elevador) €3 cada; visitas guiadas mediante reserva tel: 93 315 22 13

Casa de l'Ardiaca: **MAPA M3** ■ C/Santa Llúcia 1 ■ 9h-17h seg-sex (até 13h sáb); jul-ago: 9h-19h30 seg-sex

Gaudí Exhibition Center: **MAPA N3** ■ Av de la Catedral 4 ■ 11h-18h ter-sáb, 11h-14h dom ■ Entrada paga ■ AD

■ **Vista-se com discrição na catedral (ombros cobertos e calças compridas).**

■ **Há concertos de órgão e coral todo mês; informe-se na Pia Almoina.**

■ **Assista às *sardanes* – dança regional da Catalunha – na Plaça de la Seu (18h sáb, 12h dom).**

Guia da Catedral

A entrada mais imponente da catedral é a principal, na Plaça de la Seu. Quem entra vê à esquerda uma série de capelas, o órgão e os elevadores que levam ao terraço. O Gaudí Exhibition Center fica à esquerda da entrada principal e a Casa de l'Ardiaca à direita.

TOP 10 Museu Nacional d'Art de Catalunya

Reunindo um dos mais importantes acervos do mundo de arte medieval, o Museu Nacional d'Art de Catalunya (MNAC) fica no majestoso Palau Nacional, construído em 1929. O destaque do museu é sua seção de arte românica, com interiores decorados de igrejas dos Pireneus dos séculos XI e XII. Outras coleções apresentam obras de artistas catalães do início do século XIX até os dias atuais.

1 Virgem dos Conselheiros

Encomendada pela câmara municipal em 1443, essa obra de Lluis Dalmau é rica em simbolismo político. Mostra os conselheiros, apoiados por santos e mártires, de joelhos diante da Virgem.

2 Murais: Santa Maria de Taüll

O interior bem preservado de Santa Maria de Taüll (c. 1123) mostra como as igrejas românicas devem ter sido coloridas. Há cenas dos primeiros anos da vida de Jesus, com os Reis Magos e João Batista.

3 Acervo Cambó

O político catalão Francesc Cambó (1876-1974) doou sua enorme coleção à Catalunha: duas grandes galerias contêm obras do século XVI ao início do século XIX, como *O minueto* (1756), de Tiepolo. **(acima)**.

4 Coleção Thyssen-Bornemisza

Parte pequena, mas excelente, da vasta coleção do barão Thyssen-Bornemisza. Entre as magníficas obras estão a sublime *Virgem da humildade* (1433-35), de Fra Angelico, e uma *Virgem e o Menino* (c. 1618), de Rubens **(à esq.)**.

5 Afrescos: Sant Climent de Taüll

O interior de Sant Climent de Taüll **(abaixo)** combina influências bizantinas, italianas e francesas. Na abside está o *Cristo em majestade*, além dos símbolos dos quatro Evangelistas e da Virgem, com os apóstolos logo abaixo.

6 Ramon Casas e Pere Romeu na Bicicleta de Dois Selins

Essa pintura **(acima)** retrata o pintor Casas e seu amigo Romeu, com quem ele fundou a taberna Els Quatre Gats, no Barri Gòtic.

7 Mulher de Chapéu e Gola de Pele

O extraordinário retrato que Picasso fez de sua amante Maria-Thérèse Walter revela a transição do Cubismo e do Surrealismo para uma linguagem nova, que ficaria conhecida simplesmente como "estilo Picasso".

8 Crucifixo da Majestade de Batlló

Esplêndido entalhe em madeira do século XII com o Cristo na cruz de olhos abertos e sem sinais de sofrimento, pois venceu a morte.

9 Confidente da Casa Batlló

Entre os móveis modernistas, há algumas peças curiosas de Antoni Gaudí, como uma cadeira de madeira ondulada projetada para encorajar as pessoas a trocarem confidências.

10 Numismática

Essa coleção pública de numismática data do século VI a.C. e exibe medalhas, moedas **(acima)** (como as da colônia grega de Empuries, que possuía a própria casa da moeda desde o século V a.C.), papel-moeda e cédulas italianas do século XV.

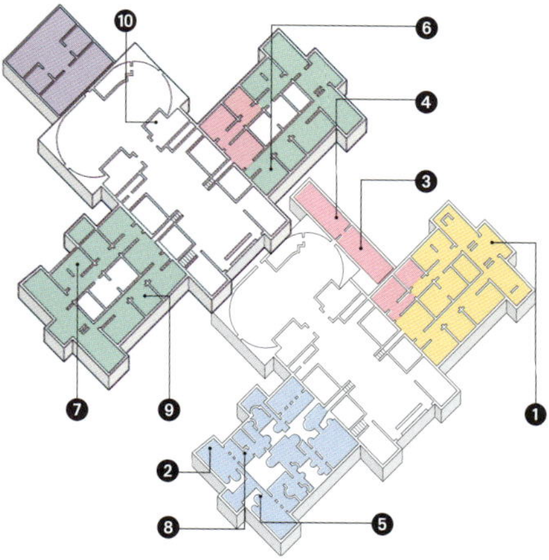

Legenda
- Galeria de Arte Românica
- Arte Moderna; Desenhos, Gravuras e Pôsteres
- Galeria de Arte Gótica
- Renascimento e Barroco
- Biblioteca

INFORMAÇÕES

MAPA B4 ■ Palau Nacional, Parc de Montjuïc ■ www.museunacional.cat/en

Aberto 10h-18h ter-sáb (até 20h mai-set), 10h-15h dom

Entrada paga €12, concessões €8,40 (2 dias no mês); grátis sáb a partir das 15h e 1º dom do mês; grátis para menores de 16 e maiores de 65 anos; audioguia €3,50

Visita guiada gratuita 1º dom do mês (exceto ago; 12h catalão, 12h15 espanhol), com hora marcada

■ **O Salão Oval tem um ótimo café. Há um elegante restaurante no Salão do Trono (primeiro andar), além de cafés na área externa.**

■ **Há excelentes vistas a partir do pátio na entrada principal e do terraço na cobertura.**

Guia do Museu

O Acervo Cambó, com obras de Zurbarán e Goya, e a Coleção Thyssen-Bornemisza, com obras dos períodos Gótico e Rococó, ficam no térreo (em frente ao Salão Oval), assim como as obras de arte românica. No primeiro andar estão as galerias de arte moderna e as coleções de fotografia e de numismática.

Parc Güell

Construído entre 1900 e 1914, o Parc Güell foi concebido como um jardim urbano de estilo inglês, algo que começava a se tornar popular no início do século XX. O mecenas de Gaudí, Eusebi Güell, projetou elegantes vilas artísticas, jardins e espaços públicos. Mas o projeto fracassou. O espaço foi vendido à cidade e, em 1926, reabriu como parque público onde Gaudí deu vazão à sua imaginação nos pavilhões, nas escadarias e na praça principal, com seu sinuoso banco

1 Sala Hipòstila

Jujol era um dos colaboradores mais talentosos de Gaudí, responsável pela decoração das 84 colunas **(acima)** do mercado, criando vívidos tetos de mosaico com cacos de azulejos.

2 Banco Ladrilhado

Um banco enorme, que serve de balaustrada, margeia sinuosamente a borda da Plaça de la Natura. Miró e Dalí foram inspirados pelo lindo design abstrato criado pelos cacos de azulejos coloridos.

3 Jardins d'Áustria

Esse jardim, bem cuidado e moderno, foi criado nos anos 1970 num terreno antes destinado à construção de uma casa. Fica especialmente lindo durante a primavera.

4 Casa del Guarda

A casa do guarda, um dos dois pavilhões de contos de fadas na entrada do parque **(à dir.)**, hoje pertence ao MUHBA, Museu de História de Barcelona *(p. 78)*. Apresenta uma exposição sobre a história do Parc Güell.

5 L'Escalinata del Drac

Uma fonte corre por todo o comprimento dessa impressionante escadaria ladrilhada, ornamentada com animais fantásticos. O mais conhecido é um enorme dragão colorido, que se tornou símbolo de Barcelona.

6 Viadutos

Gaudí criou três viadutos **(abaixo)** para o público poder transitar pelo Parc Güell. Situados nas encostas íngremes e apoiados em arcos e colunas em forma de ondas e árvores, eles parecem emergir organicamente da colina.

7 Plaça de la Natura

A praça principal do parque, margeada por um incrível banco ladrilhado, oferece uma vista panorâmica da cidade. Originalmente chamada de Teatro Grego, foi projetada para apresentações ao ar livre, com o público acomodado em terraços.

8 Pòrtic de la Bugadera

Uma das trilhas do parque é essa, chamada Pórtico da Lavadeira por causa da mulher com uma cesta de roupas na cabeça, esculpida em um dos arcos **(à esq.)**.

Mapa do Parc Güell

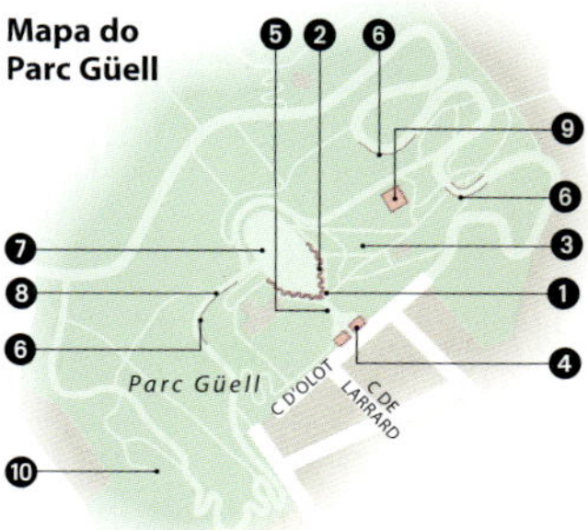

NÃO SAIU DO PAPEL

Infelizmente, muitas ideias de Gaudí para o Parc Güell nunca foram realizadas por causa da falência financeira do jardim urbano de Eusebi Güell. Entre as mais ousadas estava o projeto de um enorme portão de entrada, que seria aberto por um gigantesco par de gazelas mecânicas.

9 Casa-Museu Gaudí

Uma das duas únicas casas erguidas no Parc Güell, ela foi a moradia de Gaudí e abriga objetos e móveis originais do artista. Está situada fora da Zona Monumental.

10 Turó de les Tres Creus

Três cruzes coroam o topo da colina, marcando o ponto onde Gaudí e Güell, ambos muito religiosos, projetavam erguer a capela do Parc Güell. A subida vale a pena para desfrutar a linda vista panorâmica da cidade.

INFORMAÇÕES

MAPA B2 ■ C/d'Olot s/n ■ 90 220 03 02 (parque); 93 256 21 22 (Casa del Guarda) ■ www.parkguell.cat

Aberto 30 out-26 mar: 8h30-18h15; 27 mar-1º maio e 29 ago-29 out: 8h-20h30; 2 maio-28 ago: 8h-21h30

Ingresso para a Zona Monumental: €7 on-line, €8 na entrada ou no caixa automático; grátis abaixo de 6 anos, €4,90/5,60 abaixo de 12 anos; o resto do parque é grátis; a Casa del Guarda está inclusa no ingresso; ingresso à parte para a Casa-Museu Gaudí

Compre ingressos on-line nos caixas da entrada do parque ou nas estações de metrô Vallcarca e Lesseps; o horário de entrada inscrito no ingresso é cumprido rigorosamente.

■ **Uma boa pedida é fazer seu próprio piquenique. O restaurante do parque é caro e fica sempre lotado.**

■ **Compre um ingresso combinado para o MUHBA e ganhe 30% de desconto.**

■ **Existem pacotes de ingressos combinados para a Sagrada Família e a Casa-Museu Gaudí.**

■ **O parque tem loja de presentes e livraria.**

Páginas seguintes *Os elegantes prédios neoclássicos e as altas palmeiras da Plaça Reial*

TOP 10 La Pedrera

Concluído em 1912, esse fantástico bloco ondulado de apartamentos, com sua cobertura surrealista, é uma das obras mais emblemáticas de Gaudí. A Casa Milà, também conhecida como La Pedrera (A Pedreira), foi a última grande obra civil de Gaudí antes de ele dedicar o resto da vida à Sagrada Família, e o que a torna tão mágica é que todos os detalhes têm a marca do gênio visionário de Gaudí. Agora restaurada, La Pedrera abriga o Espai Gaudí, uma sala de exposições, pátios, um terraço na cobertura e o apartamento Pedrera.

1 Fachada e Sacadas

Desafiando a lei da gravidade, as paredes curvas de La Pedrera são sustentadas por barras horizontais onduladas, presas a vigas embutidas. As sacadas de ferro forjado **(abaixo)** são uma mostra do toque artesanal característico do *Modernisme*.

4 Cobertura

O surreal parque de esculturas da cobertura **(à dir.)** tem chaminés que lembram guerreiros medievais e dutos de ventilação retorcidos em formas bizarras **(abaixo)**. Aprecie dali excelentes vistas do Eixample.

2 Espai Gaudí

Uma série de desenhos, maquetes e recursos multimídia ajuda os visitantes a entender a magia arquitetônica de Gaudí. O museu fica no impressionante sótão abobadado, com seus 270 arcos de tijolo formando corredores pitorescos.

3 Interior Courtyard: Carrer Provença

Todos os dias, uma brigada de guias conduz os visitantes por aqui. Uma visita ao primeiro pátio revela lindos mosaicos e murais multicoloridos ao longo de uma escada circular belíssima.

5 Portões

A maestria exigida na criação desses imensos portões de ferro forjado revela a influência dos antepassados de Gaudí – quatro gerações de artesãos serralheiros. O uso do ferro é crucial em seus edifícios.

6 Sala de Exposições Temporárias

Esse espaço de galeria, gerido pela Catalunya-La Pedrera Foundation, promove mostras de arte gratuitas. Já expôs obras de Marc Chagall, Salvador Dalí, Francis Bacon e outros. O teto **(abaixo)** parece ter sido revestido com clara de ovo batida.

7 Apartamento La Pedrera

Esse apartamento modernista **(à esq.)**, com móveis de época, é uma reconstrução de um típico apartamento burguês do final do século XIX em Barcelona. Destaca-se o contraste entre o interior conservador e sóbrio da classe média da época e a excentricidade da parte externa do edifício.

8 Pátio Interno: Passeig de Gràcia

Como o primeiro pátio, esse também tem uma escada decorada **(abaixo)**. Apresenta no teto uma incrível pintura com motivos florais.

9 Auditório

Localizado em uma antiga cocheira, esse auditório recebe palestras e concertos. Nos jardins adjacentes há uma agradável ambientação de plantas e folhagens.

INFORMAÇÕES

MAPA E2 ■ Pg de Gràcia 92 ■ 90 220 21 38 ■ www.lapedrera.com/en

Aberto 9h-20h30 diariam (até 18h30 nov-fev, 20h30 na época do Natal); horários de visitas guiadas e exposições temporárias noturnas variam.

Entrada paga €20,50, €25 com guia, ingresso premium €27 (com audioguia em diversos idiomas); recomenda-se reservar on-line.

- **Concertos de jazz, música clássica e contemporânea são realizados no auditório.**
- **Veja o site para obter informações sobre atividades e exposições temporárias.**
- **Ingressos premium permitem visitar em qualquer dia e horário. É preciso escolher a data e a hora na reserva, mas pode-se fazer a visita até 6 meses depois do dia marcado.**

Guia de La Pedrera
O Espai Gaudí, o apartamento Pedrera, o Passeig de Gràcia, os pátios da Carrer Provença, a Sala de Exposições e o terraço são abertos à visitação. Para chegar ao apartamento, ao Espai Gaudí e ao terraço pegue o elevador. Os pátios, escadarias e lojas têm acesso pela entrada da esquina do Pg. de Gràcia com o C/ Provença.

10 La Pedrera Shop and Café

Vende livros e suvenires ligados a Gaudí, como réplicas das chaminés feitas em cerâmica e bronze.

TOP 10 Fundació Joan Miró

Fundada em 1975 pelo próprio Joan Miró, de início como centro de arte contemporânea, a fundação hoje é um esplêndido tributo ao homem cujo legado, como artista e catalão, é visível por toda a cidade. Hoje tem mais de 14 mil de suas pinturas, esboços e esculturas, traçando a evolução de Miró, do surrealista inovador na década de 1920 até se tornar um dos artistas modernos mais desafiadores nos anos 1960.

Fundació Joan Miró

1 L'Estel Matinal

Uma das 23 pinturas da Série Constelação. A qualidade introspectiva dessa *Estrela da manhã* reflete o humor de Miró no início da Segunda Guerra Mundial, quando se refugiou na Normandia. Formas esguias de pássaros, mulheres e corpos celestes ficam suspensos no espaço vazio.

2 Pagès Català al Car de Lluna

Essa pintura figurativa – *Camponês catalão ao luar* **(à dir.)** – data do final da década de 1960 e destaca dois dos temas prediletos de Miró: a terra e a noite. A figura do camponês, sugerida por meio de uma simples colagem de cor, é quase indistinguível, já que a lua crescente se funde com a sua foice e o céu noturno adquire os ricos tons esverdeados da terra.

3 Tapis de la Fundació

Essa tapeçaria imensa, ricamente colorida **(à dir.)**, representa o auge do trabalho de Miró com esse suporte, iniciado na década de 1970.

4 Home i Dona Davant un Munt d'Excrement

Figuras semiabstratas torturadas e deformadas tentam se abraçar contra um céu preto. O pessimismo de Miró na época desse *Homem e mulher diante de um monte de excremento* seria confirmado com o início da Guerra Civil Espanhola.

5 Sèrie Barcelona

A Fundació tem o único conjunto completo dessa série de 50 litografias em preto e branco. A importante coleção só é exposta ocasionalmente.

6 Font de Mercuri

Alexander Calder doou sua *Fonte de Mercúrio* à Fundació como sinal de seu apreço por Miró. A obra era um tributo antifascista, concebido em memória ao ataque à cidade de Almadén.

8 Terraço Ajardinado

Há mais esculturas lúdicas e de cores vibrantes de Miró espalhadas no espaçoso terraço **(à esq.)**, de onde se podem apreciar vistas da cidade e a arquitetura racionalista de Josep Lluís Sert, autor desse edifício geométrico. O destaque é *Carícia de um pássaro* (1967), com 3m de altura.

9 Sala de Esculturas

Essa sala **(abaixo)** tem esculturas dos anos 1940 aos 1950, quando Miró trabalhou com cerâmica, depois com bronze e, por fim, com mídia pintada e objetos casuais. Obras de destaque: *Pássaro solar* e *Pássaro lunar* (ambos de 1946-49).

10 Exposições Temporárias

Ao longo dos anos, uma variedade de mostras visitantes, que em geral são realizadas na ala oeste da fundação, incluíram retrospectivas de artistas como Mark Rothko, Andy Warhol, René Magritte e Fernand Léger.

7 Espai 13

Esse espaço mostra trabalhos experimentais de novos artistas do mundo todo. As exposições, que a cada ano abordam um tema único, costumam ser radicais e fazer uso de novas tecnologias.

INFORMAÇÕES

MAPA B4 ■ Av Miramar, Parc de Montjuïc
■ 93 443 94 70
■ www.fmirobcn.org

Aberto 10h-18h ter-sáb (até 20h abr-out), até 21h qui, 20h sáb e 14h30 dom

Entrada paga €11, concessões €7; Espai 13 €2,50; guia multimídia €5; exposições temporárias €7

AD

■ **O restaurante e café, com terraço ajardinado e mesas internas e ao ar livre, é uma das melhores opções para se comer na região.**

■ **No verão, há apresentações ao vivo de música experimental no auditório, geralmente às quintas-feiras, à noite (verifique antes).**

■ **A loja de presentes tem objetos inspirados em Miró, de toalhas de mesa a taças de champanhe.**

Gallery K. AG

Esse anexo abriga 25 pinturas, cedidas por empréstimo de longo prazo, de coleções particulares de membros da família Miró e da Gallery K, fundada pelo colecionador japonês Kazumasa Katsuta.

TOP 10 Museu Picasso

Admire o talento do pintor mais aclamado do século XX nesse museu cheio de tesouros. Com ênfase nos anos de formação (1881-1973), a instituição tem o maior acervo do mundo dos primeiros trabalhos de Picasso. Aos 10 anos de idade, o artista já mostrava aptidões artísticas notáveis. Em 1895 ele se mudou para Barcelona, onde floresceu como pintor. Desde precoces esboços em cadernos escolares e retratos de família até obras de suas fases Azul e Rosa, o museu oferece aos visitantes a rara oportunidade de acompanhar o pintor conforme ele evoluía.

1 Home Amb Boina

O retrato mostra pinceladas – e temática – bem precoces para um menino de 13 anos de idade. Em vez de cachorrinhos e gatinhos, o jovem Picasso já pintava retratos dos homens mais velhos da sua cidade. Ele assinou a obra como P. Ruiz, pois à época ainda usava o sobrenome do pai.

2 Autoretrat Amb Perruca

Aos 14, Picasso pintou *Autorretrato com peruca*, fantasiosa representação de como ele seria durante a época de seu herói artístico, Velázquez.

3 Ciència i Caritat

Uma das primeiras pinturas de Picasso exibida publicamente foi *Ciência e Caridade*. O pai de Picasso posou como o médico.

4 L'Espera (Margot) e La Nana

Picasso pintou *Margot* como um evocativo retrato de uma prostituta esperando o próximo cliente. Já *La nana* **(à esq.)** capta a expressão e a pose desafiadoras de uma anã dançarina, com pesada maquiagem.

5 El Foll

O louco é um ótimo exemplo da Fase Azul de Picasso. Nessa etapa artística, que durou de 1901 a 1904, o pintor preferiu temas melancólicos, tons monocromáticos e sombrios.

6 Menu de Els Quatre Gats

A exposição de estreia de Picasso foi realizada em 1900, no café Els Quatre Gats, do Barri Gòtic, centro do Modernismo. A primeira encomenda do pintor foi fazer um desenho de si mesmo e de um grupo de artistas amigos **(à esq.)** para o cardápio desse ponto de encontro dos boêmios.

7 Arlequí

Um ânimo renovado em sua vida levou Picasso a seu período neoclássico, tipificado por obras como esse arlequim **(à esq.)**, que celebra a liberdade dos artistas de circo.

8 Série Las Meninas

A reverência de Picasso a Diego Velázquez culminou nessa notável série de pinturas **(abaixo)**, baseada na obra de Velázquez *As meninas*.

9 Home Assegut

Obras como *Homem sentado* **(acima)** confirmam Picasso como o maior pintor cubista analítico do século XX.

10 Cavall Banyegat

O cavalo chifrado e aflito mostrado nessa pintura aparece no grande mural *Guernica*, que retrata os horrores da guerra. Esse quadro do museu permite apreciar o processo que levou à criação de uma das obras mais famosas de Picasso.

INFORMAÇÕES

MAPA P4 ■ C/Montcada 15-23 ■ www.museupicasso.bcn.cat

Aberto 9h-19h ter-dom, até 21h30 qui

Entrada: €11; exposições temporárias €3-4,50; ingresso combinado €14 (reserve). Grátis 1º dom do mês (acervo permanente) e a partir de 15h dom. Visitas guiadas dom (exceto ago) em inglês 11h, espanhol 12h e catalão 13h; taxa incluída no ingresso; reserve.

■ **O Museu Picasso está instalado num complexo de cinco palacetes góticos interligados, cheio de pátios arborizados e aberto ao público.**

■ **O café tem mesas ao ar livre no verão. O cardápio é variado, com pratos especiais na hora do almoço.**

Guia do Museu

O museu ocupa cinco palacetes medievais interligados. O acervo permanente é exposto cronologicamente no primeiro e no segundo andares dos três primeiros palacetes. Os outros dois abrigam exposições temporárias nos dois primeiros andares.

Palau de la Música Catalana

O movimento modernista de Barcelona tem seu apogeu estético na magnífica sala de concertos (1908) de Lluís Domènech i Montaner. A exuberante fachada é rodeada de pilares com mosaicos e cada parte do foyer do "jardim de música" de Domènech, dos balaustres aos pilares, tem um motivo floral. A sala de concerto – com altura igual à largura – é uma festa de formas naturais, coberta por um domo com vitral que inunda o hall de luz solar.

1 Vitral da Cúpula

No teto da sala de concertos há uma impressionante cúpula invertida com vitral **(abaixo)**. De dia, a luz do sol penetra através dos vidros alaranjados, iluminando a sala.

2 Sala de Ensaios do Orfeó Català

Esse ambiente semicircular e de acústica viva é uma versão em escala menor da sala de concertos, que fica um andar acima. Em seu centro está a pedra inaugural da construção do Palau de la Música Catalana.

3 Palco

O tablado semicircular **(à dir.)** é sempre movimentado – mesmo quando não há ninguém tocando. Dezoito musas em mosaico e terracota projetam-se ao fundo, tocando de harpa a castanholas.

4 Janelas com Vitrais

Deixando indefinido o limite entre o exterior e o interior, Domènech rodeou a sala de concerto de janelas com vitrais decorados com motivos florais. O ambiente é iluminado pela luz solar e muda de aspecto conforme o dia avança.

5 Esculturas Equestres

No teto da sala de concerto, veem-se cavalos alados do escultor Eusebi Arnau, que conferem movimento e inspiração ao espaço. Há ainda uma representação da *Cavalgada das Valquírias*, de Wagner, com a carruagem puxada por cavalos que galopam em direção ao palco.

6 Fachada

A alta fachada **(acima)** revela detalhes modernistas em cada um de seus níveis. Um mosaico elaborado representa o coral Orfeó Català, fundado em 1891.

7 Foyer e Bar

A arquitetura modernista privilegiava materiais como cerâmica, pedra, madeira, mármore e vidro, que Domènech usou à vontade no belo foyer e bar.

8 Bustos

Um busto do compositor catalão Josep Anselm Clavé (1824-74) celebra o compromisso do Palau com a música catalã. Do outro lado da sala, um busto de Beethoven, sério e desgrenhado **(acima)**, representa o repertório clássico e internacional.

9 Sala Lluís Millet

Batizada com o nome de um compositor catalão, essa sala muitíssimo bem preservada tem enormes janelas com vitrais. O balcão principal externo ostenta fileiras de impressionantes pilares ornados com mosaicos, cada um com desenho distinto.

10 Concertos e Dança

Mais de 500 concertos e espetáculos de dança são realizados no Palau a cada ano **(à dir.)** – vale a pena assistir. Para concertos sinfônicos, fique atento às séries Palau 100 Series; para espetáculos de canto coral, os melhores são os das séries Orfeó Català.

INFORMAÇÕES

MAPA N2 ■ Sant Pere Més Alt ■ 90 247 54 85 ■ www.palaumusica.cat

Visitas guiadas diariam a cada 30min 10h-15h30 (Páscoa e jul: até 18h; ago: 9h-18h); recomenda-se reservar; disponível passeio com minirrecital

Entrada paga €18, concessões €11

AD limitado

■ **Tome um coquetel pré-concerto junto aos vitrais do bar modernista, depois do foyer.**

■ **Há concertos para crianças quase todos os domingos, ao meio-dia.**

■ **Compre ingressos para os concertos e para as visitas guiadas na bilheteria, dobrando a esquina no C/Palau de la Música 4, 90 244 28 82, aberto 9h30- 21h seg-sáb, 10h-15h dom.**

ORFEÓ CATALÀ

O Orfeó Català, para quem o Palau foi construído originalmente, talvez seja o mais famoso coral a fazer audições nesse espaço. O grupo de 90 pessoas apresenta-se regularmente e faz um concerto anual em 26 de dezembro. Reserve com antecedência.

Museu d'Art Contemporani e Centre de Cultura Contemporània

O moderno edifício da instituição contrasta com a área do entorno. Junto ao Centre de Cultura Contemporània de Barcelona (CCCB), o Museu d'Art Contemporani de Barcelona (MACBA) desempenhou papel crucial na recuperação de El Raval e tem consolidado sua importância para a cidade desde 1995. O acervo permanente do MACBA tem obras de grandes artistas espanhóis e internacionais, enquanto o CCCB explora as vanguardas da cultura contemporânea.

1 Fachada

A sóbria fachada geométrica e branca **(à dir.)** do arquiteto americano Richard Meier causa forte impacto contra o fundo desse bairro operário. Centenas de painéis de vidro refletem os skatistas que se reúnem no local todos os dias.

2 Artistas Visitantes

A razão de ser do MACBA é essa área flexível, que mostra o melhor da arte contemporânea. Ela já abrigou exposições de Zush e do aclamado pintor Dieter Roth.

3 Rodízio do Acervo Permanente

O acervo permanente tem mais de 2 mil obras – a maior parte europeias –, e um décimo delas é exibido em algum momento. Estão representadas as grandes tendências artísticas atuais. A obra abaixo é *Homea* (1974), de Eduardo Arranz Bravo.

4 Corredores Internos

Espaço e luz são onipresentes nas passarelas brancas que ligam os andares **(à esq.)**. Olhe pelos painéis de vidro para a Plaça dels Àngels e veja uma infinidade de imagens antes mesmo de entrar nas galerias.

5 Capella MACBA

Uma das poucas capelas renascentistas que sobreviveram em Barcelona foi convertida e usada como espaço de exposições temporárias do MACBA. Fica localizada num antigo convento na Plaça dels Àngels *(p. 87)*.

6 Súbito Despertar

Uma das únicas obras em exposição permanente é esse leito desconstruído (1992-93) de Antoni Tàpies, que consiste em uma cama dependurada numa parede **(à esq.)**. Sua presença à direita da entrada principal destaca a importância do falecido Tàpies para a arte moderna catalã.

7 Espaços de Leitura e Reflexão

Um aspecto incomum e agradável do MACBA são seus sofás brancos de couro entre as galerias. Em geral junto a uma estante com livros interessantes e fones de ouvido, são um lugar perfeito para refletir e aprender mais sobre a arte.

8 Exposições Temporárias no CCCB

Ao contrário do MACBA, as exposições no CCCB tendem mais a ser temáticas do que centradas no artista. Ao abrigar o festival de música eletrônica Sònar (jun), a mostra de curtas-metragens (set) e exposições de arte de vanguarda, o CCCB se posiciona na linha de frente das últimas tendências culturais.

9 El Pati de les Dones/CCCB

Esse pátio **(à dir.)**, em frente à Carrer Montalegre, faz parte do vizinho CCCB. Uma tela prismática ultramoderna serve de espelho e reflete o pátio medieval, criando uma sobreposição mágica de diferentes estilos arquitetônicos.

10 Plaça Joan Coromines

O contraste entre o moderno MACBA, o prédio da universidade, o visual toscano do CCCB e a igreja do século XIX que imita o estilo românico faz dessa praça uma das mais encantadoras da cidade. É nela que ficam os restaurantes do MACBA e do CCCB.

INFORMAÇÕES

MACBA: **MAPA K2** ■ Pl dels Àngels ■ 93 412 08 10 ■ www.macba.cat/en

Aberto 11h-20h seg, qua e sex, 10h-21h qui, 10h-20h sáb, 10h-15h dom

Entrada paga €6 para 1 exposição, €8 para 2 exposições; concessões €4 para 1 e €6 para 2; grátis para menores de 14 e maiores de 65 anos ■ AD

CCCB: **MAPA K1** ■ C/Montalegre 5 ■ 93 306 41 00 ■ www.cccb.org/en

Aberto 11h-20h ter-dom

Entrada paga €6; concessões €4; ingresso combinado €8/€6; grátis para menores de 12 anos; grátis dom 15h-20h

■ **Pare no café Plaça dels Àngels (C/Ferlandina), que serve culinária catalã moderna para um público descolado, ou no bar C3, no CCCB.**

■ **O MACBA oferece visitas guiadas em libras e adaptadas para deficientes visuais.**

Guia das Atrações

Apesar de compartilhar a Plaça Joan Coromines, o MACBA e o CCCB têm entradas distintas. As duas galerias contam com espaços de exposição flexíveis. O MACBA tem áreas de descanso entre as galerias em todos os pisos, permitindo ao visitante fazer pausas.

Top 10 de Tudo

Museu d'Art Contemporani e Centre de Cultura Contemporània

TOP 10 Eventos Históricos

1 Século III a.C.: Fundação

Barcino, como a cidade ficou conhecida de início, foi fundada no século III a.C. pelo cartaginês Amílcar Barca. Tomada pelos romanos em 218 a.C., tinha papel secundário na região, cuja capital provincial era Tarragona.

2 Séculos IV a XI: Primeiras Invasões

Com a queda do Império Romano no século V, visigodos da região de Toulouse tomaram a cidade. Foram seguidos, no século VIII, pelos mouros, que se movimentavam rapidamente pela Península Ibérica. Por volta do ano 800, Carlos Magno conquistou a região com auxílio dos condes dos Pireneus, devolvendo o controle aos francos.

Cartaz de exposição, 1929

3 Séculos XII a XVI: A Idade Média

Nesse período, Barcelona era a capital do Império Catalão, que se estendia pelo Mediterrâneo. A cidade fez fortuna com seus mercadores, mas a expansão da vizinha Castela para o Novo Mundo alterou os padrões de comércio e extinguiu a dinastia catalã. Barcelona declinou e caiu sob o domínio de Castela.

4 1638-52: Revolta Catalã

Como reação às políticas opressivas de Madri, agora governada pelos Habsburgo da Áustria, facções locais, conhecidas como *Els Segadors*, se rebelaram. A luta se estendeu de 1640 a 1652, quando os catalães e seus aliados franceses foram derrotados.

5 Século XIX: Indústria e Prosperidade

O impulso da indústria e do comércio com as Américas fez a cidade crescer. A imigração aumentou, trouxe prosperidade, mas também agitação política. Foram derrubados os muros da Cidade Velha, criaram-se amplas avenidas no Eixample e os arredores do centro viraram bairros operários, afugentando a classe média.

6 1888-1929: A Renaixença

Essa nova riqueza, exibida nas Exposições Internacionais de 1888 e 1929, sustentou a renascença catalã. Surgiram mansões modernistas, e a burguesia nacionalista promoveu um *revival* da cultura catalã.

7 1909-31: Os Anos Revolucionários

Mas o descontentamento crescia entre trabalhadores, nacionalistas catalães, comunistas, fascistas, monarquistas, anarquistas e republicanos. Em 1909, protestos contra a Guerra do Marrocos levaram a um tumulto generalizado, a Setmana Tràgica. À beira da Guerra Civil, a Catalunha ainda passou por uma ditadura antes que a República fosse declarada, em 1931.

8 1936-75: Guerra Civil e Franco

Ao eclodir a guerra em 1936, os trabalhadores e militantes de Barcelona conseguiram deter as tropas do general Franco por um tempo. Mas a cidade foi tomada por forças fascistas em 1939, com forte repressão, até mesmo da língua catalã, banida das escolas.

Franco em um comício, 1939

9 1975-anos 1980: Transição para a Democracia

A morte de Franco, em 1975, marcou o retorno à democracia. A língua catalã foi reabilitada, e a Catalunha garantiu sua autonomia. O primeiro governo catalão foi eleito em 1980.

10 1992-Dias Atuais: A Partir da Olimpíada

Barcelona entrou no cenário mundial em 1992, ao sediar as Olimpíadas. Em 2011, depois de 32 anos de governo socialista, o CiU, partido catalão nacionalista de centro-direita, assumiu o poder na cidade. As agremiações que defendem a autonomia catalã continuam a ganhar apoio.

Cerimônia de Abertura das Olimpíadas

FIGURAS HISTÓRICAS

Fernando, o Católico

1 Guifré, o Veloso
O primeiro conde de Barcelona (morto em 897) é tido como pai fundador da Catalunha.

2 Ramón Berenguer IV
Uniu a Catalunha e juntou-a com Aragão ao casar-se com a princesa aragonesa Petronila, em 1137.

3 Jaume I, o Conquistador
Rei do século XIII, conquistou as ilhas Baleares e Valência, lançando as bases do império.

4 Ramón Llull
Filósofo e missionário de Maiorca, Llull (morto em 1316) é a maior figura da literatura medieval catalã.

5 Fernando, o Católico
Rei de Aragão e da Catalunha (morto em 1516), casou-se com Isabel de Castela, abrindo caminho para a unificação da Espanha e o fim da independência catalã.

6 Ildefons Cerdà
Urbanista do século XIX que projetou o Eixample.

7 Antoni Gaudí
Idiossincrático e devoto arquiteto modernista, é o autor dos mais famosos monumentos de Barcelona *(p. 11)*.

8 Francesc Macià
Político socialista e nacionalista, proclamou a República Catalã em 1931 e a autonomia da Catalunha em 1932.

9 Lluís Companys
Presidente catalão na Guerra Civil. Exilado na França, foi preso pela Gestapo em 1940 e executado por Franco.

10 Jordi Pujol
Político regionalista de centro-direita. Sua coalizão Convergència i Unió governou a Catalunha de 1980 a 2003.

TOP 10 Igrejas e Capelas

1 Catedral de Barcelona

A magnífica catedral gótica de Barcelona ostenta uma fachada imponente e um bonito claustro ao ar livre *(pp. 18-9)*.

2 Església de Santa Maria del Mar

A elegante igreja de Santa Maria del Mar (1329-83) é um dos melhores exemplos do Gótico catalão, estilo caracterizado pela simplicidade. Um vitral espetacular na rosácea ilumina o amplo interior *(pp. 78-9)*.

Rosácea da Església de Santa Maria del Mar

3 Capella de Sant Miquel e Església al Monestir de Pedralbes

Com acesso através de um arco localizado em muralhas antigas, o adorável Monestir de Pedralbes *(p. 117)*, fundado em 1327, mantém o aspecto de comunidade fechada. Dentro dele ficam um claustro gótico e a Capella de Sant Miquel, decorada em 1346 com murais do artista catalão Ferrer Bassa. A igreja gótica ao lado contém o túmulo em alabastro da Rainha Elisenda, a fundadora do mosteiro – num lado da igreja, sua efígie veste trajes reais; do outro lado, um hábito de freira.

4 Església de Sant Pau del Camp

Fundada como mosteiro beneditino no século IX por Guifre II, conde de Barcelona, essa igreja foi reconstruída no século seguinte. Sua fachada esculpida e o claustro intimista com arcos arredondados ostentam as marcas mais características do estilo românico *(p. 89)*.

5 Església de Sant Pere de les Puelles

Pl de Sant Pere ■ MAPA P2 ■ Aberto 9h-13h, 17h-19h45 seg-sex; 9h-13h, 16h30-18h sáb; 11h-13h15 dom

Construída em 801 como capela para as tropas acampadas em Barcelona, essa *església* foi mais tarde um retiro espiritual para moças da nobreza. Reconstruída por volta de 1100, é notável por sua cúpula central românica e pela série de capitéis com folhas esculpidas. Procure duas tabuletas de pedra com uma cruz grega, da capela original.

6 Temple Expiatori del Sagrat Cor

MAPA B1 ■ Pl del Tibidabo ■ 93 417 56 86 ■ Aberto 10h-20h diariam (elevador 10h30-14h, 15h-19h diariam) ■ Entrada paga

O monte Tibidabo é um local bem apropriado para essa imensa igreja neogótica, que tem no alto um Cristo de ouro com os braços abertos. O nome Tibidabo vem do latim *tibi dabo* ("Eu te dou isto"), palavras que o diabo teria dito em suas tentações a Cristo. Muito zeloso em servir aos fiéis, o padre dali concede a Eucaristia o dia todo *(pp. 119)*.

Temple Expiatori del Sagrat Cor

7 Església de Santa Maria del Pi

Pl del Pi ■ MAPA L3 ■ Aberto 9h30-20h30 diariam ■ Entrada paga 17h-18h ■ AD

Essa adorável igreja gótica, com seus vitrais nas janelas, dá vida à Plaça del Pi *(p. 47)*.

8 Capella de Santa Àgata

Pl del Rei ■ MAPA N3 ■ Aberto 10h-19h ter-sáb, 10h-20h dom ■ Entrada paga (grátis 15h-20h dom)

Dentro do belo Palau Reial está a medieval Capella de Santa Àgata, que só pode ser explorada como parte de uma visita ao Museu d'História de Barcelona *(p. 78)*. O retábulo do século XV é de Jaume Huguet.

9 Capella de Sant Jordi

Pl Sant Jaume ■ MAPA M4 ■ Visitas guiadas 10h30-13h30 2º e 4º sáb e dom do mês; necessário reservar

Dentro do Palau de la Generalitat *(p. 77)* fica essa linda capela do século XV, dedicada ao padroeiro da Catalunha.

Interior da Església de Betlem

10 Església de Betlem

C/Xuclà 2 ■ MAPA L3 ■ Aberto 8h30-13h30 e 18h-21h diariam ■ AD

La Rambla *(p. 16-7)* já foi pontuada por vários templos religiosos, a maioria construída nos séculos XVII e XVIII, quando a Igreja Católica dispunha de muito dinheiro. Essa *església* barroca é uma das principais desse período ainda em atividade.

SANTOS E VIRGENS DA CATALUNHA

A famosa Virgem de Montserrat

1 Sant Jordi
O padroeiro da Catalunha é São Jorge, retratado por toda a cidade em sua proeza de aniquilar o dragão.

2 Virgem de Montserrat
A famosa "Virgem Negra" é a padroeira da Catalunha, ao lado de Sant Jordi.

3 Virgem Mercè
Tornou-se santa padroeira da cidade em 1637, dividindo as honras com Santa Eulàlia. As Festes de La Mercè *(p. 72)* são as mais animadas de Barcelona.

4 Santa Eulàlia
Santa Eulàlia, copadroeira de Barcelona, foi martirizada pelos romanos quando estes tomaram a cidade.

5 Santa Elena
Diz a lenda que Santa Helena converteu-se ao descobrir a cruz de Cristo em Jerusalém, em 346 d.C.

6 Santa Llúcia
A santa dos olhos e da visão é celebrada em 13 de dezembro, quando os cegos vêm adorá-la em sua capela, na Catedral de Barcelona *(p. 18-9)*.

7 Sant Cristòfol
Embora oficialmente despido de sua santidade, pois há poucos indícios de que tenha existido, São Cristóvão já foi o padroeiro dos viajantes.

8 Sant Antoni de Padua
Em 13 de junho, quem procura marido ou esposa faz suas preces ao santo padroeiro do amor.

9 Santa Rita
Santa das causas impossíveis, é a ela que recorrem os que procuram por milagres.

10 Sant Joan
A noite de São João *(p. 72)* é celebrada com fogueiras e fogos de artifício.

TOP 10 Museus e Galerias

Edifícios modernos da Fundació Joan Miró

1 Fundació Joan Miró

As galerias arejadas, de pé-direito bem alto, desse esplêndido museu são ideais para as ousadas obras abstratas de Joan Miró, um dos mais aclamados artistas catalães do século XX *(pp. 28-9)*.

2 Museu Nacional d'Art de Catalunya

Conheça a herança românica e gótica da Catalunha nesse impressionante museu, instalado no Palau Nacional, de 1929. Notáveis afrescos medievais e um acervo de mobília e obras de arte *modernista* são os destaques *(pp. 20-1)*.

3 Museu Picasso

Entenda as origens – e a ascensão meteórica – do gênio artístico de Picasso nesse museu único. É um dos maiores acervos do mundo dos primeiros trabalhos do artista *(pp. 30-1)*.

4 Museu d'Art Contemporani e Centre de Cultura Contemporània

Criado em 1995, o MACBA é o centro da arte moderna de Barcelona. Junto com o vizinho CCCB, compõe um núcleo artístico e cultural no coração de El Raval. Ambos promovem regularmente exposições temporárias: o MACBA mostra artistas contemporâneos; o CCCB tem enfoque mais temático *(pp. 34-5)*.

5 Fundació Tàpies

Obras do artista catalão Antoni Tàpies estão expostas nesse gracioso edifício modernista. O acervo permite apreciar o rico repertório de Tàpies, das primeiras colagens a grandes pinturas abstratas, muitas delas com temática política e social *(p. 108)*.

6 Museu d'Història de Barcelona (MUHBA)

Explore o edifício medieval do Palau Reial e circule pelas esplêndidas ruínas dos muros e canais da Barcelona romana no museu de história da cidade. Parte dele fica na Casa Padellàs, do século XV, no cenário medieval da Plaça del Rei *(p. 78)*.

Escudo do FC Barcelona

7 Museu del FC Barcelona

Esse santuário futebolístico atrai milhares de torcedores do Barcelona FC. Troféus, pôsteres e relíquias celebram os cem anos de história do clube. Visite também o estádio Camp Nou, perto dali *(p. 118)*.

8 Museu Frederic Marès

O escultor catalão Frederic Marès (1893-1991) era um colecionador apaixonado e eclético. Esse museu reúne muitos achados notáveis, que Marès coletou em suas viagens. Entre os diversos objetos históricos aqui expostos estão peças e esculturas de arte religiosa românica e gótica, e mais uma série extremamente variada de itens, desde bonecas e leques até cachimbos e bengalas *(p. 78)*.

9 Museu Marítim

A excepcional história marítima de Barcelona é relatada nesse museu, nos estaleiros reais do século XIII, as Drassanes Reials. Faz parte do acervo, que cobre da Idade Média ao século XIX, uma réplica em escala do *Real*, o navio-capitânia da frota de dom Juan da Áustria, que comandou a vitória dos cristãos sobre os turcos na batalha de Lepanto, em 1571. Também há maquetes de navios, mapas e instrumentos de navegação *(p. 87)*.

Navio medieval, Museu Marítim

10 CosmoCaixa Museu de la Ciència

Um museu ultramoderno, cujas mostras cobrem toda a história da ciência, do Big Bang à era do computador. Destacam-se o tour interativo pela história geológica de nosso planeta, a área que reproduz com grande realismo a floresta Amazônica e um planetário. Há também exposições temporárias sobre questões ambientais *(p. 118)* e atividades para toda a família.

MONUMENTOS E MUSEUS CURIOSOS

Estátuas no Museu de Cera

1 Museu d'Idees i Invents (MIBA)
MAPA M4 ▪ Carrer Ciutat 7
Museu singular de ideias e invenções, para estimular a criatividade.

2 Centre d'Interpretació del Call
MAPA M4 ▪ Pl de Manuel Ribé
Artefatos da comunidade judaica medieval de Barcelona.

3 Museu de Cultures del Món
MAPA P4 ▪ Carrer Montcada 12
Objetos da herança artística e cultural de povos da África, Ásia, América e Oceania.

4 Museu dels Autòmates
MAPA B1 ▪ Parc d' Atraccions del Tibidabo
Divertido museu com autômatos de animais e humanos.

5 Museu de la Xocolata
MAPA P4 ▪ C/Comerç 36
Uma celebração ao chocolate, com exposições interativas, maquetes comestíveis da cidade e degustações.

6 Museu de Cera
MAPA L5 ▪ Ptge de la Banca 7
Mais de 350 figuras de cera, de Marilyn Monroe a Franco e Gaudí.

7 Museu del Disseny
MAPA H3 ▪ Pl de les Glòries Catalanes
Museu do design com roupas, arquitetura, objetos e design gráfico.

8 Museu del Perfum
MAPA E2 ▪ Pg de Gràcia 39
Frascos de perfumes, desde os tempos romanos.

9 Cap de Barcelona
MAPA N5 ▪ Pg de Colom
Escultura de uma cabeça (1992), do artista Roy Lichtenstein.

10 Peix
MAPA G5 ▪ Port Olímpic
Escultura imensa de peixe, de Frank Gehry (1992).

TOP 10 Edifícios Modernistas

1 Sagrada Família

Torres vertiginosas e intricadas esculturas enfeitam a mágica obra-prima de Gaudí. A construção começou no auge do *Modernisme*, e ainda prossegue mais de um século depois *(pp. 12-5)*.

2 La Pedrera

Esse incrível prédio de apartamentos, com sua fachada curva e cobertura surreal, tem o toque arquitetônico de Gaudí. O mais característico são as sacadas de ferro forjado e os mosaicos de cerâmica dos halls de entrada *(pp. 26-7)*.

3 Palau de la Música Catalana

A magnífica sala de concertos de Domènech i Montaner é uma celebração da música catalã. Cheio de frisos em mosaico, vitrais, cerâmica e esculturas, mostra toda a glória do *Modernisme*. A obra de Miquel Blay na fachada também é um dos melhores exemplos de escultura modernista de Barcelona *(pp. 32-3)*.

4 Fundació Tàpies

Com uma fachada racionalista sóbria, adornada apenas por um trabalho em tijolo no estilo mudéjar, o edifício discreto *(p. 108)*, datado de 1886, era originalmente a sede da editora Montaner i Simón. Tem a distinção de ser a primeira obra modernista projetada por Domènech i Montaner, o que explica uma certa economia nos toques decorativos que caracterizam seus trabalhos posteriores. Hoje é sede da Fundació Tàpies, dominada pela enorme escultura do artista catalão Antoni Tàpies.

5 Sant Pau Art Nouveau Site

Contrastando com o padrão urbano simétrico, em grade, do bairro, esse ambicioso complexo *(p. 107)* foi planejado em torno de duas avenidas que cortam diagonalmente as ruas do Eixample. Iniciados por Domènech i Montaner em 1905 e concluídos por seu filho em 1930, os pavilhões do Hospital de la Santa Creu i

Hospital de la Santa Creu i de Sant Pau

Fachada colorida da Casa Batlló

de Sant Pau são ricamente ornamentados com mosaicos, vitrais e esculturas de Eusebi Arnau. As colunas octogonais com capitéis florais são inspiradas nas que sustentam o Monestir de Santes Creus *(p. 128)*, localizado ao sul de Barcelona.

6 Casa Amatller

MAPA E2 ■ Pg de Gràcia 41 ■ Aberto 11h-19h diariam; somente visitas guiadas; veja horários no site ■ Entrada paga ■ AD ■ www.amatller.org

A parte superior da fachada da Casa Amatller é uma explosão brilhante de cerâmica azul, creme e rosa. O uso decorativo exagerado do material pelo arquiteto Puig i Cadafalch é típico do *Modernisme*. As visitas abrangem o apartamento modernista, um slide show do antigo estúdio de fotografia de Amatller e o vestíbulo neomedieval.

7 Casa de les Punxes
(Casa Terrades)

Levando a obsessão do *Modernisme* pelo gótico e pelo medieval a extremos que mais ninguém ousava, Puig i Cadafalch criou essa construção imponente, similar a um castelo, entre 1903 e 1905 *(p. 108)*. Apelidada de "Casa das Pontas" por suas espiras pontudas no alto de torres cônicas, seu nome oficial é Casa Terrades, por causa dos donos originais. As vistosas espiras contrastam com a fachada, até que sóbria para os padrões modernistas.

8 Casa Batlló

MAPA E2 ■ Pg de Gràcia 43 ■ Aberto 9h-21h diariam ■ Entrada paga (audioguia) ■ AD ■ www.casabatllo.es

Ilustrando o nacionalismo de Gaudí, a Casa Batlló, na Mansana de la Discòrdia *(p. 107)*, é uma representação da história de Sant Jordi *(p. 41)*. O telhado simboliza as costas do dragão, e as sacadas, na forma de máscaras de carnaval, são os crânios das vítimas do dragão. A fachada é um exemplo do notável uso que Gaudí faz da cor e da textura.

9 Casa Lleó Morera

■ www.casalleomorera.com

Ferro forjado, cerâmica, esculturas e vitrais se reúnem numa síntese de artes decorativas. A parte externa, projetada pelo arquiteto Domenèch i Montaner, pode ser vista da rua. Atualmente somente o térreo está aberto ao público, ocupado pela fabricante de peças luxuosas de couro Loewe.

10 Palau Güell

Esse é um ótimo exemplo dos experimentos de Gaudí com estruturas, em especial o uso de arcos parabólicos para definir espaços. O edifício utiliza materiais incomuns, como ébano e madeiras raras da América do Sul *(p. 87)*.

Arcos no interior do Palau Güell

TOP 10 Praças Imperdíveis

A imponente Plaça Reial, cercada por edifícios neoclássicos e palmeiras

1 Plaça Reial

Essa praça cheia de arcadas, no coração do Barri Gòtic, é única em Barcelona por seu charme antigo, pela minuciosa reurbanização e pelos toques neoclássicos. Abriga majestosos edifícios de meados do século XIX, postes de luz concebidos por Gaudí, muitos bares e casas noturnas e inúmeros tipos curiosos da "fauna" urbana *(p. 78)*.

2 Plaça de Catalunya

MAPA M1

O coração de Barcelona é a imensa Plaça de Catalunya, de onde toda a atividade urbana parece se irradiar. A praça costuma ser o primeiro vislumbre que a maioria dos visitantes tem da cidade. Nela param os ônibus que vêm do aeroporto, os trens da RENFE e as inúmeras linhas de metrô e ônibus. O apelo comercial do lugar é evidente por toda parte, a começar pela rede de lojas de departamentos El Corte Inglés *(p. 66)*, onipresente no país. Pombos esvoaçam pela praça e hordas de viajantes – de mochileiros a grupos de excursão – perambulam para lá e para cá. O principal centro de informações turísticas também funciona nessa praça, que recebe concertos durante festivais.

3 Plaça del Rei

MAPA N4

É uma das praças medievais mais bem preservadas da cidade. Fica no Barri Gòtic, rodeada de edifícios importantes – entre eles, o Palau Reial, do século XIV *(p. 78)*, que abriga o Saló del Tinell, uma espaçosa sala do trono e salão de banquetes do Gótico catalão.

4 Plaça de Sant Jaume

Rica em poder e história, essa praça é o centro administrativo da moderna Barcelona. Nela ficam os dois edifícios-chave do governo: de um lado, o majestoso Palau de la Generalitat e, do outro, o Ajuntament, datado do século XV *(p. 77)*.

Plaça de Catalunya

5 Plaça de la Vila de Gràcia

MAPA F1

A área progressista e boêmia de Gràcia, antiga vila anexada a Barcelona em 1897, preserva um ar de cidade pequena, onde o convívio social se desenvolve entre as pessoas na *plaça* mais próxima. A primeira da lista é essa, que tem uma torre de relógio no centro. Seus agitados cafés com mesas na calçada atraem músicos de rua e gente animada.

6 Plaça de Sant Josep Oriol e Plaça del Pi

MAPAS M3 e M4

O charme antigo encontra a cultura dos cafés nesses dois recantos do Barri Gòtic, a Plaça de Sant Josep Oriol e a Plaça del Pi, assim chamada por ter pinheiros (*pi*, em catalão). A adorável igreja gótica de Santa Maria del Pi *(p. 41)* ergue-se entre as duas praças.

7 Plaça Comercial

MAPA P4

O agitado Passeig del Born termina na Plaça Comercial, cheia de cafés e bares. Ela fica em frente ao Mercado de El Born, do século XIX *(p. 78)*, que foi convertido em centro cultural e espaço para exposições.

8 Plaça de Santa Maria

MAPA N5

A magnífica Església de Santa Maria del Mar *(p. 78)* confere a essa *plaça* do bairro de El Born uma certa calma espiritual. Curta o charme gótico, observe as pessoas e relaxe num de seus cafés com mesas ao ar livre.

Cafés na Plaça de Santa Maria

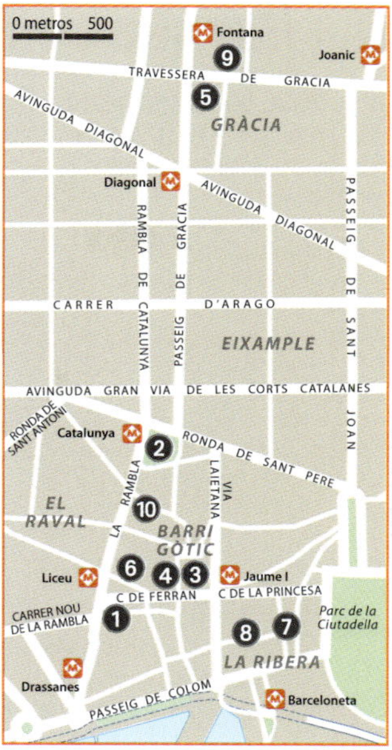

9 Plaça del Sol

MAPA F1

Escondida no meio da grade de ruas de Gràcia, essa praça é rodeada de belas construções do século XIX. Conforme cai a noite, ela se transforma num dos pontos de vida noturna mais animados da cidade: junte-se aos moradores, os *barcelonins*, sentados nas mesas dispostas na calçada.

10 Plaça de la Vila de Madrid

MAPA M2

A poucos passos da Rambla *(pp. 16-7)*, essa espaçosa *plaça* tem como destaque as ruínas de uma necrópole romana. Remanescente da antiga Barcino, a praça ficava logo depois dos limites murados da cidade romana. Em 1957, foi descoberta no local uma série de túmulos dos séculos II a IV d.C. As ruínas estão abertas à visitação pública.

TOP 10 Parques e Praias

1 Parc de la Ciutadella

MAPA R4 ■ Pg Pujades ■ Aberto 10h-anoitecer (parque); horários do zoo variam, veja o site ■ Entrada paga (para o zoo) ■ www.zoobarcelona.cat/en

O maior parque de Barcelona oferece um tranquilo contraponto à agitação da cidade. Antiga fortaleza do século XVIII, lindo parque do século XIX hoje abriga o zoológico, o Parlamento catalão, o Museu de Ciències Naturals, um plácido lago com botes e a extravagante fonte Cascada, que Gaudí ajudou a projetar. Há um charmoso café ao ar livre próximo ao Castell dels Tres Dracs, no canto sudoeste.

Fonte Cascada, Parc de la Ciutadella

2 Parc Güell

As trilhas sinuosas e alamedas com arcos e colunas do Parc Güell se misturam com as encostas da montanha, fundindo natureza e fantasia. Da esplanada, com seus incríveis bancos curvos de mosaico, os visitantes desfrutam vistas espetaculares da cidade e dos portais de contos de fadas, logo abaixo *(pp. 22-3)*.

Vibrante mosaico do Parc Güell

3 Parc del Laberint d'Horta

Esses encantadores jardins neoclássicos de 1791 estão entre os mais antigos da cidade. Bem acima da cidade, têm um ar mais fresco e limpo, com jardins temáticos, cascatas e um pequeno canal. O destaque é um enorme labirinto, com uma estátua de Eros no centro *(p. 118)*.

4 Parc de Cervantes

Av Diagonal 708 ■ Aberto 10h-anoitecer

Construída em 1964 para celebrar os 25 anos de governo de Franco, essa bela área na periferia da cidade deveria se chamar Parque das Rosas. Há mais de 11 mil roseiras de 245 variedades. Quando florescem, seu aroma toma conta do ambiente. As pessoas vão muito ali nos fins de semana, mas o parque é deliciosamente deserto nos demais dias.

5 Jardins del Palau de Pedralbes

Av Diagonal 686 ■ Aberto 10h-anoitecer

Esses pitorescos jardins ficam bem em frente ao antigo Palau Reial (Pa-

Parc del Laberint d'Horta

lácio Real) de Pedralbes. À sombra de um enorme eucalipto, perto de um pequeno bambuzal, está a Fonte de Hércules, com uma cabeça de dragão de ferro fundido criada por Gaudí, descoberta apenas em 1984.

6 Parc de Joan Miró

MAPA B2 ■ C/Tarragona 74 ■ Aberto 10h-anoitecer

Conhecido como Parc del'Escorxador, foi construído no local de um matadouro *(escorxador)* do século XIX. No nível superior do parque, pavimentado, destaca-se uma escultura de Miró de 22m de altura, *Dona i ocell* (*Mulher e pássaro*, 1983). Há várias áreas de lazer para as crianças e alguns quiosques de café.

7 Parc de l'Espanya Industrial

C/Muntadas 37 ■ Aberto 10h-anoitecer

Um parque moderno, projetado pelo arquiteto basco Luis Peña Ganchegui em 1986, no local de uma antiga fábrica de tecidos. É um belo espaço, com dez torres em estilo de farol à beira do lago com barquinhos e um enorme dragão de ferro fundido, que serve de escorregador. Tem um bom bar ao ar livre com playground.

8 Praias da Cidade

As praias de Barcelona já foram áreas insalubres, a evitar. Com os Jogos Olímpicos de 1992, passaram por uma remodelação radical e hoje os trechos da Barceloneta e do Port Olímpic atraem milhares de pessoas. A minutos de metrô do centro da cidade, são uma oportunidade perfeita para se refrescar no Mediterrâneo. As praias são limpas regularmente e contam com chuveiros, banheiros, playgrounds, redes de vôlei e uma academia ao ar livre. Alugam-se barcos e pranchas de surfe. Atenção: são comuns os furtos de bolsas *(p. 101)*.

Praia de Castelldefels

9 Castelldefels

Trem para a Platja de Castelldefels da Estació de Sants ou Passeig de Gràcia

Apenas 20km ao sul de Barcelona, há uma praia ampla de 5km, com águas rasas. Nos bares locais, banhistas de fim de semana se refugiam do sol quente e se deliciam com longos almoços de frutos do mar e jarros de sangria. Há pranchas de windsurfe para alugar.

10 Premià e El Masnou

Trem para Premià ou El Masnou a partir da Plaça de Catalunya ou da Estació de Sants

Talvez essas sejam as duas melhores praias localizadas a curta distância de Barcelona, apenas 20km ao norte. Ficam uma ao lado da outra e atraem as pessoas com suas areias douradas e águas transparentes.

TOP 10 Fora dos Circuitos Habituais

Dragão na porta dos Pavellons Güell

1 Pavellons Güell

MAPA B2 ■ Av Pedralbes 7 ■ 93 317 76 52 ■ Aberto 10h-16h diariam; telefonar antes para visitas guiadas (espanhol e catalão somente) ■ Entrada paga

Gaudí projetou as portarias e o estábulo, conhecidos como os Pavellons Güell, para seu mecenas Eusebi Güell nos anos 1880. Observe o enorme dragão que se destaca da porta de ferro forjado e faça uma visita guiada ao complexo. Um dos pavilhões da entrada pertence hoje ao Museu d'Història de Barcelona *(p. 78)*.

2 Jardins de la Rambla de Sants

MAPA A2 ■ C/d'Antoni de Capmany s/n

Esse parque elevado, que se estende por quase um quilômetro desde a Plaça de Sants até o bairro de La Bordeta, foi erguido sobre uma ferrovia em desuso. Oferece um passeio tranquilo, entremeado por espaços verdes e refrescantes, em meio a altos prédios de moradia e antigas fábricas.

3 El Refugi 307

MAPA C5 ■ C/Nou de la Rambla 175 ■ 93 256 21 22 ■ visitas guiadas às 10h30 (em inglês) e 11h30 aos domingos, com reserva prévia ■ Adm ■ museuhistoria.bcn.cat/en

Mais de mil abrigos subterrâneos foram construídos sob a cidade durante a Guerra Civil espanhola, quando Barcelona foi bombardeada pelas forças nacionalistas. O Abrigo 307, com 400m de túneis, continha enfermaria, banheiro, fonte de água, lareira e quarto para crianças. Hoje, faz parte do Museu d'Història de Barcelona *(p. 78)* e proporciona uma visão impressionante das privações sofridas pelos seus habitantes durante a guerra.

4 Mercat de la Llibertat

Pl Llibertat 27 ■ 93 217 09 95

O Mercat de la Llibertat em Gràcia foi erguido em 1888 e é notável por sua linda decoração de ferro forjado e cerâmica. Além da enorme variedade de produtos frescos, algumas bancas vendem de tudo, desde fotografias originais até artigos de moda.

Pavilhão, Parc del Laberint d'Horta

5 Parc del Laberint d'Horta

Esse lindo jardim do século XVIII é enfeitado por estátuas clássicas, pequenos pavilhões e atraentes lagos, mas seu chamariz é o fabuloso – e algo traiçoeiro – labirinto central *(p. 118)*.

6 Bunkers del Carmel

MAPA C1 ■ C/del Turó de la Rovira s/n

Barcelona tem um punhado de bunkers em desuso – lembranças dos ataques aéreos da longa Guerra Civil Espanhola. Escavados nas encostas de uma colina do bairro operário de El Carmel, o teto desse bunker serve de plataforma panorâmica. Tornou-se bastante popular para tomar cerveja contemplando o pôr do sol que desce sobre a cidade.

7 Basílica de la Puríssima Concepció

MAPA F2 ■ C/d'Aragó 299 ■ Aberto 7h30-13h e 17h-21h seg-sex (claustro); 13h-17h seg-sex (Capela Montserrat); 7h30-14h e 17h-21h dom ■ www.parroquia concepciobcn.org

Datada do século XIII, essa basílica fazia originalmente parte do Mosteiro Santa Maria de Jonqueres. Foi transferida pedra por pedra para o local atual no século XIX. Visite o charmoso claustro gótico, verdejante refúgio de pássaros, bordado por finas colunas do século XV. A basílica recebe concertos regularmente.

8 Convent de Sant Agustí

MAPA F4 ■ Pl l'Academia s/n, C/Comerç 36 ■ 93 256 50 17 ■ Aberto 9h-22h seg-sex, 10h-14h e 16h-21h sáb ■ Café: almoço ter-sáb

O Convent de Sant Agustí, do século XV, hoje é um centro cultural com um lindo café, sob os arcos remanescentes do antigo claustro. Descontraído e com ambiente familiar, é um lugar perfeito para passar a tarde.

9 Plaça Osca

MAPA B2

Essa linda praça arborizada no bairro de Sants é ladeada por cafés e bares, com mesas espalhadas pela calçada. Raramente frequentada por turistas, mas cada vez mais popular entre os moradores, oferece várias opções de cervejas artesanais e tapas orgânicas.

10 Parc de Cervantes

Toda primavera, centenas de pessoas visitam o Parc de Cervantes para contemplar o florescimento de 11.000 roseiras de 245 variedades. Os gramados em torno dos roseirais oferecem áreas para piquenique, além de playgrounds para as crianças *(p. 48)*.

Os gramados verdejantes e os roseirais do Parc de Cervantes

TOP 10 Atrações para Crianças

Montanha-russa do Parc d'Atraccions del Tibidabo

1 Parc d'Atraccions del Tibidabo

É o único parque de diversões que sobreviveu na cidade *(p. 117)*, com atrações antigas como montanha-russa, Casa dos Horrores, carrinhos de bate-bate, roda-gigante e o Museu dels Autòmates *(p. 43)*, que tem autômatos de todas as formas e tamanhos. Tem shows de marionetes, áreas para piquenique, playgrounds e muitos bares e restaurantes.

2 Parc Zoològic

O zoológico no Parc de la Ciutadella *(p. 48)* tem um playground rústico enorme, onde as crianças correm à vontade. Há shows de golfinhos num dos aquários e outras atividades infantis, como visitas guiadas e oficinas. A área da fazendinha tem cabras e coelhos que as crianças podem afagar.

3 Museu Marítim

Mapas antigos com desenhos de mares cheios de monstros, barcos de pesca restaurados e um acervo de carrancas de navio dão um vislumbre da história marítima de Barcelona. Vale a pena ver o galeão espanhol, em tamanho natural, com efeitos de som e luz. O museu fica nos antigos estaleiros medievais, as Drassanes, e é obrigatório para os futuros capitães e marujos *(p. 87)*.

4 L'Aquàrium de Barcelona

Um dos maiores aquários da Europa, esse reino submarino é composto de 21 enormes tanques com quase 400 espécies marinhas. O destaque da visita é o Oceanari, um túnel de vidro que as pessoas atravessam para ficar frente a frente com três imensos tubarões – batizados de Drake, Morgan e Maverick –, em meio a 4,5 milhões de litros de água *(p. 101)*.

Labirinto do Parc del Laberint d'Horta

5 Parc del Laberint d'Horta

O destaque desse parque excepcional é o imenso labirinto de cercas vivas, onde as crianças podem viver suas fantasias de *Alice no país das*

maravilhas. Ainda que não tenha um Chapeleiro Maluco, o parque conta com um imenso playground, com lanchonete e mesinhas ao ar livre, além de um bar para os adultos. O parque lota aos domingos *(p. 118)*.

6 Bondinhos de Montjuïc

Parc de Montjuïc
▪ MAPA C5 ▪ Aberto nov-fev: 10h-18h diariam; mar-mai e out: 10h-19h diariam; jun-set: 10h-21h diariam
▪ Entrada paga ▪ AD

Ao contrário dos bondinhos que cruzam o porto chacoalhando, esses bondinhos menores fazem viagens de baixa altitude, menos assustadoras. O passeio até o pico de Montjuïc tem o apelo adicional do castelo *(p. 95)*, com canhões em que as crianças podem subir.

7 La Rambla

Seus ombros podem ficar doendo depois de carregar as crianças de cavalinho por toda a principal alameda de Barcelona *(pp. 16-7)*. Comedores de fogo, músicos, estátuas humanas vestidas de deusas gregas – qualquer coisa vale para entreter os passantes da Rambla. Coloque uma moeda no chapéu da estátua viva e ela retribuirá com um movimento repentino, ou presenteando a criança com um pirulito.

Estátua humana, La Rambla

8 Praias Centrais

Para as crianças, ir à praia em Barcelona é mais do que entrar na água e brincar na areia. As *platges* (praias) de Port Vell e Port Olímpic oferecem boas opções de playground para manter os pequenos entretidos. E é fácil encontrar água e lanches nos muitos bares e restaurantes da área *(p. 101)*.

9 Museu d'Història de Catalunya

Esse museu acolhe bem as crianças e conta a história da Catalunha por meio de uma série de mostras interativas. Uma das mais divertidas é a que permite que os visitantes se vistam como cavaleiros medievais e galopem em cavalos de pau. São atividades muito populares entre os grupos de escolas locais, mas os turistas de todas as idades também adoram. Todo sábado, o museu reencena lendas catalãs para as crianças e promove outras atividades para o público infantil *(p. 101)*.

10 Passeios de Barco

As *golondrinas (p. 102)* fazem viagens regulares pela área do porto e são um ótimo passeio para as crianças. As mais novas, porém, talvez prefiram um passeio de barco a remo no lago do Parc de la Ciutadella *(p. 48)*.

Botes no lago da Ciutadella

TOP 10 Locais de Arte e Música

Palau de la Música Catalana

1 Palau de la Música Catalana

Essa joia modernista de Domenèch i Montaner costuma apresentar o que há de melhor em jazz e música clássica. Perdeu um pouco do prestígio para o Auditori, mas ainda é palco de alguns espetáculos do Festival de Guitarra de Barcelona e recebe muitos músicos de fora *(pp. 32-3)*.

Gran Teatre del Liceu

2 El Molino

Vila i Vila 99 (Av Paral.lel) ■ 93 205 51 11 ■ Entrada paga ■ AD ■ www.elmolinobcn.com

El Molino é um bar e teatro musical desde 1907. Tem música e shows de cabaré, flamenco e tango. Reserve pelo site.

3 Teatre Grec

O mais mágico e enigmático local de Barcelona, esse anfiteatro ao ar livre, no meio de uma floresta, constitui um cenário incrível para balé, música ou teatro. Originalmente uma pedreira, foi convertido em 1929 para a Exposição Internacional. Abre diariamente, exceto durante o festival de artes El Grec, no verão *(p. 96)*.

4 Auditori de Barcelona

MAPA G1 ■ C/Lepant 150 ■ 93 247 93 00 ■ AD

Esse grande auditório, perto do Teatre Nacional, é sede da Orquestra Simfònica de Barcelona e também abriga o Museu da Música. Tem acústica e visibilidade excelentes e também abre espaço para o jazz.

5 Gran Teatre del Liceu

MAPA L4 ■ La Rambla ■ 93 485 99 14 ■ Visitas guiadas disponíveis em inglês seg-sex, horários variáveis ■ Entrada paga ■ AD

Como uma fênix, o Liceu já ressurgiu das cinzas após dois incêndios arrasadores, desde sua fundação, em 1847 *(p. 16)*. Hoje uma das maiores casas de ópera da Europa, tem programação inovadora e é famoso pelas apresentações de talentos nativos, como José Carreras, um dos "três tenores".

6 Harlem Jazz Club

93 310 07 55 ■ www.harlemjazzclub.es

O lendário Harlem Jazz Club, no Barri Gòtic, é um dos mais antigos clubes de jazz e blues da cidade. Além de apresentar grandes artistas, a entrada costuma dar direito a um drinque, e há shows gratuitos *(p. 83)*.

Saxofonista no Harlem Jazz Club

7 Mercat de les Flors

MAPA B4 ■ C/Lleida 59 ■ 93 426 18 75 ■ www.mercatflors.cat

O local preferido por grupos de dança e performance de teatro, como La Fura dels Baus e Els Comediants. A incrível mistura de circo e teatro é facilmente entendida mesmo por quem não fala catalão.

8 Sala Apolo

MAPA K4 ■ C/Nou de la Rambla 113 ■ 93 441 40 01 ■ www.sala-apolo.com

Antigo salão de baile, com balcões forrados de veludo e bar com painéis de madeira, o lugar reinventou-se e é uma das casas noturnas da moda. Toca o mais atual em techno e dance music *(p. 58)*.

9 Razzmatazz

Esse é um dos clubes mais famosos da cidade. Tem shows várias noites da semana e é dividido em cinco espaços, com grande variedade de estilos musicais *(p. 104)*.

Show no Razzmatazz

10 JazzSí Club – Taller de Musics

MAPA J2 ■ Requesens 2 ■ 93 329 00 20 ■ www.tallerdemusics.com/ jazzsi-club ■ Entrada paga

Ligado à escola de música da área, o JazzSí Club oferece oficinas de música, aulas e concertos diários. Os shows de jazz, son cubano, flamenco ou rock começam entre 19h30 (18h30 no domingo) e 21h. É servido jantar de segunda a sexta.

CINEMAS E FESTIVAIS COM FILMES LEGENDADOS

Interior da Filmoteca

1 Verdi
MAPA B2 ■ C/Verdi 32 ■ 93 238 79 90 ■ www. cines-verdi.com
Cinema original com cinco salas.

2 Icària Yelmo Cineplex
MAPA H5 ■ C/Salvador Espriu 61 ■ 902 22 09 22 ■ www.yelmocines.com
Quinze salas, todas com versões originais de filmes.

3 Festival de Cine Documental Musical In-Edit
www.in-edit.beefeater.es
Festival que celebra a música e o cinema.

4 Festival Internacional de Cinema Catalunya
Sitges ■ sitgesfilmfestival.com
Filmes de fantasia em versão original.

5 Méliès Cinemes
MAPA J1 ■ C/Villarroel 102 ■ 93 451 00 51
Exibe clássicos em duas salas.

6 Cinemas Texas
MAPA F1 ■ C/Bailen 205 ■ 93 348 47 70 ■ www.cinemastexas.cat
Cinema moderno com filmes legendados.

7 Sala Phenomena Experience
MAPA G1 ■ C/Sant Antoni Maria Claret 168 ■ 93 252 77 43 ■ www. phenomena-experience.com
Sala de última geração.

8 Renoir Floridablanca
MAPA C3 ■ Floridablanca 135 ■ 93 426 33 37
Multiplex, passa filmes do mundo todo.

9 Sala Montjuïc
MAPA B6 ■ www.salamontjuic.org
Esse cinema ao ar livre, perto do castelo, projeta filmes cult no verão.

10 Filmoteca
C/Salvador Seguí 1-9 ■ 93 567 10 70 ■ www.filmoteca.cat
Cine de repertório do governo catalão, passa três filmes diariamente.

TOP 10 Vida Noturna

Interior inspirador do Marsella

1 Marsella

Fundado em 1820, tem atmosfera retrô e é dirigido pela quinta geração da família Lamiel. O Marsella localiza-se no coração do Barri Xinès, em El Raval. É um dos poucos lugares da cidade onde você pode apreciar um drinque de absinto (absenta). Acomode-se numa das mesas de estilo modernista, de ferro forjado. Rodeado de espelhos antigos e estátuas religiosas, prove o potente licor amarelo especialmente engarrafado para esse bar *(p. 92)*.

2 Sidecar Factory Club

Desde 1982 esse clube situado em um porão tem sido o templo underground da música rock, punk, indie e experimental, recebendo shows ao vivo e sessões de DJs todas as noites, exceto domingo. O bar, no nível da rua, tem mesas fora. Fica na popular Plaça Reial, um dos pontos mais animados da vida noturna da cidade *(p. 83)*.

3 Otto Zutz

Uma sofisticada instituição da noite de Barcelona, essa discoteca de três andares atrai uma clientela mais abastada. A música consta basicamente de hits, com DJs de renome tocando de música eletrônica e hip-hop a sucessos do pop atual *(p. 122)*.

4 Jamboree

Aventure-se no underground – literalmente, pois o popular Jamboree fica no subsolo – nesse mix de clube de jazz com balada, num espaço abobadado sob a Plaça Reial. O jazz ao vivo começa entre 20h e 22h. Os DJs assumem mais tarde, tocando música dance *(p. 83)*.

5 Macarena Club

MAPA L5 ■ C/Nou de Sant Francesc 5 ■ Aberto a partir de 24h todas as noites ■ www.macarenaclub.com

Esse clube minúsculo, mas muito frequentado, fica numa ruela que sai da Plaça Reial. Aqui os melhores DJs locais e internacionais tocam música eletrônica para um público animado.

Show na Sala Apolo

6 Sala Apolo

Esse teatro reformado é hoje um dos melhores locais da cidade para música ao vivo. As Nasty Mondays e as noites Nitsa são verdadeiras instituições da cena clubber. Consulte o site para a programação atualizada *(p. 55)*.

Páginas anteriores *As linhas fluidas da notável Casa Batlló, de Gaudí*

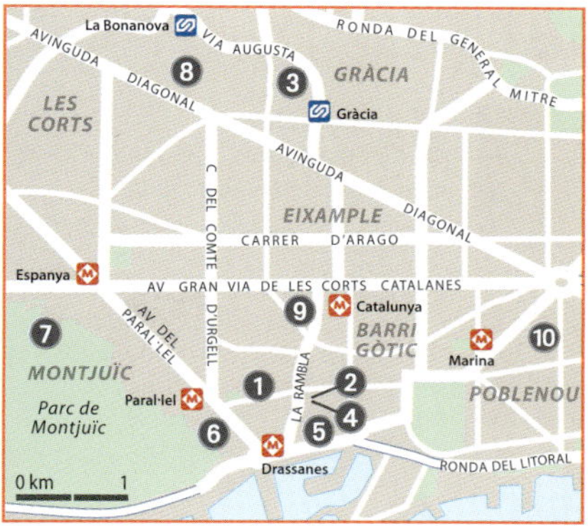

7 La Terrrazza

MAPA A3 ■ Poble Espanyol ■ Aberto sex e sáb, geralmente a partir de 24h (os horários variam) ■ www.laterrrazza.com ■ Entrada paga

Localizada dentro do Poble Espanyol *(p. 97)*, La Terrrazza é uma das casas noturnas mais badaladas no verão. O pátio vira pista de dança, as varandas ganham lounges e há bares espalhados pelo jardim.

8 Sala BeCool

Esse clube cheio de estilo firmou-se na agitada cena noturna de Barcelona. Situado na área nobre de Sant Gervasi, seu espaço multifuncional tem de tudo, de música ao vivo a noites especiais e festas temáticas. No térreo rolam concorridas sessões de DJs tocando música eletrônica, techno e minimal, sexta e sábado. No andar de cima ouvem-se os mais recentes sucessos indie. Veja no site da casa a programação semanal completa *(p. 122)*.

9 Milano

Cuidado para não passar reto: escadas meio escondidas descem da rua até um elegante mundo de sofás de veludo vermelho, com jazz ao vivo e barmen muito habilidosos. Em vez de um espaço lotado e barulhento, o ambiente convida a uma boa conversa, e reúne escritores e jornalistas. O cardápio tem aperitivos, petiscos e bebidas para todos os gostos, mas não deixe de provar o Bloody Mary *(p. 111)*.

10 Razzmatazz

Esse é simplesmente o melhor endereço noturno de toda Barcelona. Bandas e artistas do mundo inteiro já se apresentaram no Razzmatazz, como Antony and the Johnsons, Arctic Monkeys e Róisín Murphy. Nas noites de sexta-feira e sábado (da 1h às 6h) o local se divide em nada menos do que cinco clubes, cada um com temática própria. A casa também recebe regularmente DJs de prestígio internacional, entre eles grandes nomes como Jarvis Cocker, Shaun Rider, Peter Smith e muitos outros *(p. 104)*.

Razzmatazz, uma das melhores casas noturnas de Barcelona

TOP 10 Cena LGBT

Frequentadoras de uma casa noturna

1 Antinous Librería-Café

MAPA D3 • C/Casanova 72 ■ Fechado dom ■ AD

O Antinous é um famoso ponto de encontro gay junto à ponta sul da Rambla. O café incorpora uma livraria espaçosa, com presentes, livros e vídeos, e tem um pequeno bar com área de exposições. Pegue um exemplar da *Gay Barcelona*, revista gratuita distribuída em vários locais, com as dicas da cena gay barcelonesa.

2 Átame

MAPA D3 ■ C/Consell de Cent 253

Átame deve seu nome ao filme de Almodóvar (*Ata-me!*) e tem o mesmo ambiente louco e divertido. Abre diariamente às 18h e fica lotado a noite toda com um público jovem. Exibe ocasionalmente shows de drag queens.

3 Sauna Casanova

MAPA D3 ■ C/Casanova 57 ■ Entrada paga

Sauna impecável, exclusiva para homens, com banhos turcos e jacuzzis. Oferece ainda um bar e acesso à internet, além de cabines privativas, algumas equipadas com TV e DVDs.

4 Sala Diana

MAPA E3 ■ C/Diputació ■ Fechado dom-qua

É o clube de lésbicas mais popular de Barcelona, mas os homens também são bem-vindos. Abre das 23h às 3h e, como não é grande, costuma lotar. A música remete aos sucessos dos anos 70, 80, 90, além de hits pop. Apresenta stripteases femininos nas quintas-feiras.

5 Metro

MAPA J1 ■ C/Sepúlveda 185 ■ Entrada paga ■ AD

Frequentado principalmente por homens, o Metro tem duas pistas de dança, uma com house e a outra com estilos mais pop, além de mesa de bilhar. O clube só se agita depois das 2h.

Logotipo do Metro club

6 El Cangrejo

MAPA K5 ■ C/Montserrat 9 ■ Fechado dom-qua ■ AD

"O caranguejo" é um bar gay kitsch muito concorrido na região de Raval. Pequeno e enfumaçado, é renomado pelas noites anos 1980 e pelos shows com drag queens (a partir de 23h30 nos fins de semana). Dança-se até as 3h.

O concorrido e kitsch El Cangrejo

7 Arena Madre

MAPA E3 ■ C/Balmes 32 ■ Aberto 24h-5h diariam, 6h sáb e dom ■ Entrada paga ■ AD

Discoteca gay popular, com ambiente vibrante e performances ao vivo – de striptease a shows de drag queens. A pista de dança fica cheia, com uma multidão de adoradores de música eletrônica e house. Também há uma sala escura.

8 Sky Bar

MAPA D2 ■ C/Airbau 33 ■ 93 323 93 93 ■ www.axelhotels.com

O terraço da cobertura do luxuoso Axel Hotel, no coração do "Gayxample", como é chamado, é um espaço glamouroso para tomar drinques à beira da piscina, dia e noite. Apresentações de DJs e noites temáticas no verão. Reserve com antecedência.

9 Punto BCN

MAPA D3 ■ C/Muntaner 63 ■ AD

Esse bar tranquilo e acolhedor tem lugar cativo na mutável cena gay de Barcelona. Nos fins de semana, lota de um jeito absurdo por volta de meia-noite. Apesar da música alta, é um bom lugar para trocar informações e descobrir o que mais está rolando de bom na noite da cidade.

Multidão na praia de Mar Bella

10 Praias

MAPA E6

No verão, os rapazes se reúnem para tomar sol e fazer muita pose em frente ao Club de Natació Barcelona, na praia da Barceloneta, perto da Plaça del Mar. A praia Mar Bella também é bem procurada.

PONTOS DE ENCONTRO EM SITGES

Bar em Sitges

1 XXL
C/Joan Tarrida 7
Popular entre o pessoal descolado, com bons drinques e som techno.

2 Parrots
Pl Industria 2
Bar clássico de Sitges: drag queens como garçons e lindo terraço ao ar livre.

3 El Horno
C/Joan Tarrida 6
Antigo bar gay, muito procurado para drinques no começo da noite.

4 Trailer
C/Àngel Vidal 36 ■ Entrada paga
Discoteca gay mais antiga de Sitges, sempre lotada com gente animada.

5 Organic
C/Bonaire 15 ■ Entrada paga
Discoteca badalada, frequentada pelo pessoal ligado à indústria da moda.

6 Praias
A praia em frente ao Hotel Calípolis é um ponto gay. No caminho de Vilanova há outra, para nudistas.

7 Paquera Noturna
O píer logo depois do Hotel Calípolis é um dos bons locais de paquera. Horário indicado: entre 3 da manhã e o raiar do dia.

8 Carousel
C/Joan Tarrida 14
Bar com terraço ótimo para mergulhar no movimento da rua, com drinques deliciosos e shows ocasionais.

9 Privilege
C/ de Bonaire 24
Um dos melhores bares de música na cidade. Um tema novo a cada noite.

10 El Hotel Romàntic
C/St Isidre 33 ■ 93 894 83 75
Hotel simples, *gay friendly*, com um lindo jardim.

TOP 10 Restaurantes e Tapas

Interior despretensioso do La Taverna del Clínic

1 La Taverna del Clínic

Um pouco fora do habitual, essa taverna de aspecto comum oferece tapas criativas (um pouco caras) e muitas opções de vinho. Chegue cedo, pois costuma haver espera *(p. 113)*.

2 Igueldo

Cozinha basca preparada com talento e originalidade, servida em ambiente elegante. Propõe pratos como pé de porco recheado com *morcilla* (morcela) e purê de pêssegos secos, ou *zamburiñas*, pequenos moluscos do Atlântico. Tem bar de tapas na entrada *(p. 113)*.

3 El Asador d'Aranda

Esse restaurante palaciano situado no alto da cidade, no monte Tibidabo, agrada a homens e mulheres de negócios e serve a melhor cozinha castelhana. Tem entradas fartas, como a *pica pica*, uma saborosa variedade de linguiças, pimentões e presuntos. O carro-chefe da casa é o *lechazo* (cordeiro novo), assado em forno a lenha *(p. 123)*.

4 Kaiku

Esse restaurante despretensioso à beira-mar faz a melhor paella da cidade. Ela consta no cardápio como *arròs del xef*, e é preparada com arroz defumado e suculentos frutos do mar. As sobremesas são ótimas. No verão, reserve mesa no terraço e aprecie a vista e a brisa do mar *(p. 105)*.

5 Windsor

Os pratos da atual *haute cuisine* catalã servidos nesse elegante restaurante levam ingredientes locais da estação. Do cardápio de degustação, prove o *suquet de rape* (cozido de peixe) e o cordeiro *(p. 113)*.

Área do bar no Windsor

6 Alkimia

MAPA D3 ■ Ronda de San Antoni 41 ■ 93 207 61 15 ■ Fechado sáb, dom, almoço em ago ■ €€

Jordi Vilà já obteve muitos prêmios e uma estrela no guia Michelin pela criatividade de sua nova culinária catalã, dando aos pratos mais tradicionais um toque artístico. O ambiente desse restaurante, dentro da Cervecería Moritz, é espetacular.

7 Cinc Sentits

Esse elegante restaurante com estrelas do Michelin é conhecido por sua cozinha criativa. O menu-degustação do chef Jordi Artal é acompanhado de vinhos selecionados. O almoço de preço fixo (seg-sex) é uma boa alternativa *(p. 113)*.

8 Pez Vela

Passeig del Mare Nostrum 19/21 ■ 93 221 63 17 ■ €€

A decoração contemporânea e a cozinha mediterrânea, mais algumas das melhores vistas do mar em Barcelona, tornam esse local perfeito para uma refeição especial. Fica embaixo do hotel W Barcelona *(p. 143)*.

9 Tickets Bar

MAPA C4 ■ Av Paral·lel 164 ■ www.ticketsbar.es ■ Fechado ter-sex almoço, dom, seg, Páscoa, 3 semanas em ago (é essencial reservar com antecedência pelo site) ■ AD ■ €€

Administrado pelos fundadores do El Bulli, serve tapas com um toque especial e recebeu uma estrela do Michelin. O cardápio tem delícias como ouriço com abacate e geleia de hortelã, azeitonas explosivas e sorvete de queijo manchego com bacon, mostarda e pepino. Reserve pela internet. Um corredor leva ao bar 41°.

10 Comerç 24

O chef da casa, Carles Abellan, foi premiado com uma estrela do Michelin. O cardápio consiste numa série de *platillos* (pratinhos) com uma grande variedade de sabores e texturas. Experimente o sorvete de ouriço-do-mar com foie gras ou as macadâmias embrulhadas em ouro *(p. 85)*.

AS MELHORES TAPAS

Calamars a la Romana

1 Patates Braves
Essas tapas tradicionais consistem em batatas fritas com molho picante por cima. Uma opção são as *patates* com *alioli* (alho com azeite).

2 Calamars
Uma opção de frutos do mar são os *calamars* (lulas): *a la romana* (empanadas e fritas) ou *a la planxa* (grelhadas).

3 Pa amb Tomàquet
Uma clássica tapa catalã: pão esfregado com tomate e coberto de azeite de oliva.

4 Croquetes
Um favorito de sempre: bolinhos fritos recheados com presunto, frango ou bacalhau com creme bechamel.

5 Musclos o Escopinyes
Prove os frutos do mar de Barcelona, em tapas com mexilhões ou com amêijoas.

6 Truita de Patates
A tapa mais comum é essa grossa omelete de batata, em geral com *alioli*.

7 Ensaladilla Russa
A salada russa leva batata, cebola e atum (e às vezes ervilha, cenoura e outros legumes), tudo banhado em bastante maionese.

8 Gambes al'allet
Apetitoso prato de camarão frito com muito alho em azeite de oliva.

9 Pernil Serrà
O presunto curado é uma obsessão na Espanha. O melhor, e mais caro, é o Jabugo, que vem de Extremadura.

10 Fuet
Entre os *embotits* (frios catalães) destaca-se o popular *fuet*, espécie de salame seco com vários sabores. O mais famoso é o da cidade de Vic.

***Veja mais sobre categorias de preço na** p. 85*

TOP 10 Cafés e Refeições Leves

1 Café Bliss

Café muito agradável, escondido numa pequena rua secundária, junto a uma das mais adoráveis praças góticas do Centro Histórico. Tem terraço, sofás confortáveis e revistas e jornais internacionais para folhear. Lugar perfeito para um café com bolo, refeições leves ou um drinque romântico à noite *(p. 84)*.

2 Café de l'Òpera

La Rambla 74 ▪ MAPA L4

Relaxe nesse elegante café do fim do século XIX, atendido por *cambrers* (garçons) de uniforme. Essa antiga *xocolateria* (confeitaria) – com o nome do Liceu, que fica em frente – ainda serve delícias como os *xurros amb xocolata* (churros com calda de chocolate). Ponto perfeito para observar o movimento de quem passeia pela Rambla.

Café de l'Òpera, La Rambla

Interior moderno do Bar Lobo

3 Bar Lobo

MAPA Q4 ▪ C/Pintor Fortuny 3 ▪ 93 481 53 46 ▪ Fechado dom de noite e para eventos ocasionais ▪ AD

Esse café chique é muito procurado para o brunch, mas realmente ganha vida de noite. De quinta-feira a sábado fica aberto até as 2h30 para drinques. O terraço é muito requisitado.

4 Laie Llibreria Cafè

Esse café-livraria tradicional do Eixample serve um generoso bufê de massas, verduras, frango e muito mais. Tem ainda um menu vegetariano por bom preço, que inclui sopa, salada e prato principal *(p. 112)*.

5 Federal Café

MAPA D4 ▪ C/Parlament 39 ▪ 93 187 36 07 ▪ Fechado dom à noite

Local arejado, reduto de gente moderna. Serve um café excelente, brunch e refeições leves, além de coquetéis à noite. Tem um pequeno e romântico terraço, Wi-Fi grátis e revistas para folhear.

6 Bar Kasparo

MAPA L2 ▪ Pl Vicenç Martorell 4 ▪ Fechado jan

Esse café ao ar livre serve um cardápio bem variado de comida internacional com toque asiático e mediterrâneo, como frango ao curry e salada grega. Depois que o sol mergulha no horizonte, o estabelecimento ganha uma vibração de bar, regada a cerveja e sidra.

7 Alsur Café

MAPA F3 ▪ C/Roger de Llúria 23 ▪ 93 624 15 77

Sua cozinha serve, sem interrupção, brunchs, tapas, bolos caseiros, sanduíches e saladas. Wi-Fi gratuito, amplas janelas e um ambiente acolhedor fazem desse café o lugar perfeito para trabalhar ou ler jornal. Tem uma filial no bairro de El Born.

8 En Aparté

Esse amplo e bem iluminado café, com ambiente acolhedor, serve queijos franceses e carnes frias acompanhados por vinhos franceses. Tem uma delícia de crème brûlée e um menu de almoço com preço fixo, bem em conta. Há mesas na calçada, que dá para a praça *(p. 84)*.

9 Granja Dulcinea

MAPA L3 ▪ C/Petritxol 2 ▪ Fecha às 21h

As *xocolateries* e *granjes* na Carrer Petritxol *(p. 80)* têm saciado há décadas os fãs de doces. Entre as confeitarias da área figura esse café à moda antiga, com delícias que vão de *xurros amb xocolata* a morangos com chantili. No verão, entram no cardápio as *orxates* e os *granissats*.

Doces da Granja Dulcinea

10 Nømad Coffee

MAPA F4 ▪ Passatge Sert 12 ▪ 628 56 62 35 ▪ Aberto seg-sex 8h30-17h30

Propondo variedades de grãos do mundo todo, esse conhecido local, um dos três endereços na cidade, é o melhor lugar para tomar um café.

CAFÉS E DRINQUES

Xícara do forte *cigaló*

1 Cafè amb llet
Em geral consumido de manhã, o *cafè amb llet* é uma xícara grande de café com leite.

2 Tallat e Cafè Sol
O *tallat* é um expresso com leite. *Cafè sol* significa café puro. No verão, prove um *cafè amb gel* (café com gelo).

3 Cigaló
O *cigaló (carajillo)* é um café com um pouco de *conyac* (conhaque), *whisky* ou *ron* (rum).

4 Orxata
Bebida doce leitosa, à base de junça, consumida no verão.

5 Granissat
Mate a sede com um *granissat*, bebida com gelo picado, em geral no sabor limão.

6 Aigua
Mantenha-se hidratado tomando *aigua mineral* (água mineral) – *amb gas* é com gás, *sense gas*, sem gás.

7 Cacaolat
Bebida achocolatada doce, uma das mais populares na Espanha e exportada para vários países.

8 Una Canya e Una Clara
Una canya é a nossa tulipa de chope *(cervesa de barril)*. *Una clara* é um chope misturado com limonada com gás.

9 Cava
A resposta catalã ao champanhe é o cava, do qual Freixenet e Codorníu são as marcas mais famosas.

10 Sangría
Os cafés da cidade costumam servir essa preparação muito popular na Espanha, à base de vinho tinto, suco de frutas e destilado.

TOP 10 Áreas de Compras

1 Passeig de Gràcia

MAPA E3

No coração da cidade, essa é a avenida mais chique de Barcelona, a dos exuberantes edifícios modernistas e das principais lojas de moda e design da cidade. Da grande liga internacional (Chanel, Gucci, Stella McCartney) aos pesos-pesados da Espanha (Loewe, Camper, Zara, Mango), todos estão representados. As largas avenidas também têm boas opções, em especial o Carrer Consell de Cent, cheio de galerias de arte, e os *carrers* Mallorca, València e Roselló.

2 Carrer Girona

MAPA P1

Quem procura boas ofertas de roupas deve ir ao Carrer Girona (metrô Tetuán), recheado de lojas de grife e também de pontas de estoque de grandes marcas. A maioria é para o público feminino, como *streetwear* de marcas como Mango, roupa formal e calçados dos catalães Etxart & Panno, e opções mais sofisticadas, como o estilista Javier Simorra.

3 Plaça de Catalunya e Carrer Pelai

MAPA L/M1 ■ El Corte Inglés: Pl de Catalunya 14 ■ Aberto 9h30-21h30 seg-sáb ■ El Triangle: C/Pelai 39 ■ Aberto 10h-22h seg-sáb

A Plaça Catalunya é a parte mais agitada da cidade e também seu principal centro comercial, com a loja de departamentos El Corte Inglés de um lado e, do outro, o shopping El Triangle, que tem a FNAC (livros, CDs e DVDs) e a Séphora (perfumes e cosméticos). O vizinho Carrer Pelai, cheio de lojas de calçados e roupas, é tido como a rua com maior tráfego de pedestres da Espanha.

4 Rambla de Catalunya

MAPA E2

Essa rua é uma extensão da Rambla, só que mais tranquila e elegante. Muito bem conservada, oferece um alívio em relação ao ambiente mais

Lojas de moda e design no Passeig de Gràcia

A chique Rambla de Catalunya

comercial e frenético da outra Rambla, mais famosa. As lojas e cafés daqui são mais chiques, e uma clientela endinheirada passeia por toda a extensão, da Plaça de Catalunya até a Diagonal. O comércio vende de tudo, de calçados finos a bolsas de couro, roupa de cama, mesas e luminárias *(p. 109)*.

5 Portal de l'Àngel
MAPA M2

Antigamente, essa via romana descia até a cidade murada de Barcino. Hoje, trata-se de uma rua tomada por hordas de compradores com suas volumosas sacolas. A área tem forte presença de lojas de calçados, roupas, joias e acessórios.

6 Maremagnum
MAPA N5 ■ Muelle de España 5 ■ Aberto 10h-22h diariam

Esse shopping à beira-mar abre todos os dias. As mais famosas grifes de roupas estão presentes, além de uma grande variedade de cafés e restaurantes.

7 Carrer Portaferrissa
MAPA M3

Sapatos plataforma com estampa de zebra, piercings, camisetas para bebês – essa rua tem de tudo, e poderia muito bem chamar-se "Carrer da Moda". Além das redes principais, como H&M, Mango e Naf-Naf, nesse trecho você encontra El Mercadillo, com lojinhas que vendem cintos estilosos, óculos de sol sem moldura, surfwear e muito mais. Depois das compras, faça uma pausa e delicie--se com uma caixa de chocolates em linda embalagem da Fargas, no vizinho C/del Pi (nº 16).

8 Gràcia
MAPA F1

Velhas livrarias, *botigues de comestibles* (mercearias) dirigidas por famílias e lojas de roupa indiana e acessórios alinham-se no Carrer Astúries (e adjacências) e na Travessera de Gràcia. A Gran de Gràcia também tem muitas lojas de roupas e calçados.

9 El Born
MAPA P4

No emaranhado de ruas de El Born há todo tipo de loja de arte e design. O Passeig del Born e o Carrer Rec apresentam uma série de pequenas galerias (de escultura a design de interiores), além de butiques. A melhor área para compra de itens da moda e acessórios.

Loja de bolsas na Avinguda Diagonal

10 Avinguda Diagonal
MAPA D1

Grande avenida com tráfego intenso, a Diagonal é eclética, agitada e, como seu nome diz, corta a cidade diagonalmente. O comércio é movimentado, em particular a oeste do Passeig de Gràcia, culminando com o shopping L'Illa e a grande loja de departamentos El Corte Inglés, perto da Plaça Maria Cristina. Ao longo desse trecho há várias lojas de calçados e roupas de grife, como Armani, Loewe e Hugo Boss, além de objetos de design e de joias e relógios.

TOP 10 Mercados Fascinantes

1 Mercat de La Boqueria

MAPA L3 ■ La Rambla 91 ■ Aberto 8h-20h seg-sáb

O mais famoso mercado de Barcelona fica na própria Rambla *(pp. 16-7)*. Todos os produtos são frescos e a variedade é imensa, com centenas de bancas vendendo de tudo, de tomates maduros a quartos traseiros de boi ou fatias de queijo manchego. A localização da cidade à beira-mar se evidencia nas bancas de peixe.

Vegetais no Mercat de la Boqueria

2 Fira de Santa Llúcia

MAPA N3 ■ Pl de la Seu ■ Aberto 1º-23 dez: 10h-20h (horários variam) diariam

A estação natalina começa oficialmente quando os artesãos locais montam suas bancas em frente à catedral para sua feira anual. Vale a pena visitá-la nem que seja só para olhar as fileiras de *caganers*, pequenas estatuetas agachadas para *fer caca* (fazer cocô). Originais da Catalunha, os *caganers* geralmente ficam escondidos no fundo dos presépios. Essa celebração incomum do escatológico também aparece em outras tradições natalinas.

3 Els Encants

Esse mercado de pulgas de Barcelona é realizado sob uma cobertura de metal na parte leste da cidade. Um dos mais antigos da Europa, data do século XIV e vende de roupas, eletrodomésticos e brinquedos usados a livros usados. Procurando bem, dá para equipar uma cozinha inteira com panelas e frigideiras. Convém chegar cedo para aproveitar as melhores ofertas *(p. 108)*.

Banquinhas do mercado Els Encants

4 Feira de Livros e Moedas no Mercat de Sant Antoni

MAPA D2 ■ C/Comte d'Urgell ■ Aberto 8h-15h dom

Quem gosta de livros pode passar uma ótima manhã de domingo vasculhando esse mercado na parte sul da Rambla. Livros de bolso usados, livros antigos, pilhas de revistas velhas, quadrinhos, postais, moedas, vídeos e muito mais.

5 Fira Artesana

MAPA M3 ■ Pl del Pi ■ Aberto 10h-21h 1º e 3º sex, sáb e dom do mês

A Plaça del Pi *(p. 47)* se enche de produtos naturais e orgânicos durante a Fira Artesana, quando os produtores vêm oferecê-los nesse canto do Barri Gòtic. Essa feira especializou-se em queijos caseiros e mel – do mel de trevo claro dos Pireneus aos produtos típicos de Morella.

6 Fira de Filatelia i Numismàtica

MAPA L4 ■ Pl Reial ■ Aberto 9h-14h30 dom

Estendendo-se ao redor da elegante Plaça Reial *(p. 78)*, essa popular feira de selos e moedas atrai colecionadores de toda a cidade. Os mais recentes itens de coleção são cartões telefônicos e velhas *xapes de cava* (invólucro que cobre as rolhas das garrafas de cava). Quando a feira termina – e a polícia local vai almoçar –, entra em cena um mercado de pulgas improvisado. Moradores antigos do bairro e imigrantes aparecem com seus pertences – velhas luminárias, roupas, objetos – e estendem tudo no chão, em cima de panos.

7 Mercat de la Barceloneta

MAPA F6 ■ Pl Font 1, Barceloneta ■ Aberto 7h-15h seg-qui e sáb, 7h-20h sex

Esse mercado da Barceloneta fica numa ampla praça. Além dos coloridos produtos, há diversos bares e padarias.

8 Mercat dels Antiquaris

MAPA N3 ■ Pl de la Seu ■ Aberto 10h-21h qui (exceto ago)

Aficionados por antiguidades e colecionadores garimpam joias, relógios, candelabros, bordados e outros objetos nesse tradicional mercado em frente à Catedral.

9 Mercat del Art de la Plaça de Sant Josep Oriol

MAPA M4 ■ Pl de Sant Josep Oriol ■ Aberto 11h-20h30 sáb, 10h-15h dom

Aos fins de semana, pintores locais se reúnem nessa praça do Barri Gòtic, montam cavaletes e tentam vender sua arte. Você encontra de aquarelas de paisagens catalãs a quadros a óleo de igrejas e castelos.

10 Mercat de Santa Caterina

MAPA N3 ■ Av Francesc Cambó 16 ■ Aberto 7h30-14h seg, 7h30-15h30 ter, qua e sáb, 7h30h-20h30 qui e sex

Cada *barri* tem seu mercado de alimentos com bancas tentadoras, mas esse fica num local espetacular. O edifício foi projetado pelo arquiteto catalão Enric Miralles (1955-2000).

O impressionante Mercat de Santa Caterina

TOP 10 Barcelona de Graça

Recreação numa praia de Barcelona

1 Praias

Barcelona dispõe de dez praias, que se estendem por mais de 4,5km ao longo da costa. Desde a Páscoa até outubro, os *xiringuitos* vendem bebidas e lanches, e as praias têm salva-vidas, serviço de aluguel de espreguiçadeiras e até livraria.

2 Tarde de Domingo nos Museus da Cidade

www.bcn.cat/museus/diumengestarda/

Todos os museus municipais da cidade são gratuitos ao menos uma tarde por mês, em geral o primeiro sábado ou domingo. Vários deles, como o Museu de Catalunya, Museu Picasso, Centre de Cultura Contemporánea de Barcelona (CCCB), Museu de la Història de Barcelona (MUHBA) e o Museu Blau (principal endereço do Museu de Ciències Naturals), são gratuitos domingo de tarde a partir das 15h. A lista completa está no site Barcelona Turisme.

3 Font Màgica

A Fonte Mágica é um show visual e musical com luzes e água sincronizadas. Jatos d'água coloridos seguem a música em elegante harmonia até o MNAC, na colina de trás. A trilha, com música clássica e até canções da Disney, está no site Barcelona Turisme. O Piromusical, show de fogos de artifício com música e lazer que encerra as Festes de la Mercè, ocorre no mesmo lugar *(p. 95)*.

4 Música als Parcs

Os parques da cidade recebem concertos no verão durante o programa anual Música als Parcs. Músicos do mundo todo tocam jazz, música clássica e contemporânea. O Parc de la Ciutadella é o local principal, mas vários outros parques participam. Veja a lista completa no site Barcelona Turisme.

5 La Capella

MAPA K3 ■ C/Hospital 56 ■ Os horários variam, verifique no site ■ lacapella.bcn.cat

A capela do Antic Hospital de la Santa Creu *(p. 89)* foi transformada em incrível espaço artístico e recebe exposições de arte contemporânea e jovens artistas. Oferece visitas guiadas gratuitas, em espanhol e catalão, sábado às 18h.

6 Festes

guia.bcn.cat

Cada bairro tem sua própria *festa major* (várias datas, jun-set), da festa carnavalesca de Gràcia às festas mais modestas de Poble Sec. Não perca as inúmeras tradições catalãs, dos *castells* (torres humanas) aos *correfocs* (fogos de bengala) – tudo de graça. Entre as principais, estão as Festes de la Mercè *(p. 72)*.

Fogos das Festes de la Mercè

7 Jardí Botànic Històric

MAPA A4 ■ Av dels Muntanyans ■ aberto 10h-17h diariam (19h no verão) ■ Entrada paga ■ museuciencies.cat

O lindo Jardim Botânico Histórico, escondido atrás do Museu Nacional d'Art de Catalunya, vale pelo agradável passeio. As trilhas sinuosas, à sombra de árvores centenárias, são ideais para escapar do calor do verão.

8 Carretera de les Aigües

Ao longo do Parc de Collserola *(p. 119)*, essa trilha é popular entre ciclistas de montanha, corredores e caminhantes, e proporciona uma vista imperdível da cidade até o mar. Chegar lá também pode ser divertido: pegue o trem até Peu de la Funicular e suba de funicular até a parada *carretera*.

Mosaico de Miró, Mercat de la Boqueria

9 Arte de rua

As ruas são repletas de obras de arte de artistas famosos do mundo todo, entre as quais *O gato* de Botero na Rambla del Raval, a *Cabeça de Barcelona* de Lichtenstein e *Gambrinus* de Mariscal no porto, o cintilante *Peixe* de Gehry na costa, *Mulher e pássaro* de Miró no Parc de Joan Miró *(p. 49)* e ainda seu mosaico no Mercat de la Boqueria *(p. 68)*.

10 Open House Barcelona

www.48hopenhousebarcelona.org

Descubra casas particulares, prédios e monumentos históricos no fim de semana anual Open House. Muitos prédios, em geral fechados, podem ser visitados, como o Arc de Triomf e o centro cultural Ateneu Barcelonès.

DICAS TOP 10 PARA ECONOMIZAR

Entrada do Museu Picasso

1 A melhor opção de viagem é o T-10, passe para 10 viagens válido nas zonas de 1 a 6 e no trem para o aeroporto.

2 Se quiser visitar vários museus usando o transporte público, compre o Cartão Barcelona, a partir de €45 por 3 dias.

3 O Art Ticket, que permite visitar seis grandes museus de arte por €30, é ideal para os aficionados por arte.

4 Muitos clubes noturnos oferecem entrada gratuita a quem chegar cedo (antes da meia-noite).

5 Vários teatros e cinemas têm ingressos mais baratos no *Dia del Espectador*, em geral segunda, terça ou quarta-feira, ou no dia da estreia (normalmente às 16h).

6 No almoço, em dias de expediente, vários restaurantes servem o *menú del migdia*, com dois ou três pratos, um copo de vinho e, às vezes, o café.

7 Faça um piquenique com produtos locais para comer nos parques do Montjuïc (o Parc Jacint Mossen Cinto, com lírios d'água e recantos frondosos, é muito popular) ou nas praias por um quarto do preço dos restaurantes.

8 Certas residências universitárias, como a Residència Àgora BCN e a Residència Erasmus, oferecem quartos baratos durante as férias de verão.

9 Para pechinchar roupas, visite as pontas de estoque da Carrer Girona, perto da Gran Via. Há marcas como Mango, Etxart & Panno e SkunkFunk.

10 Todos os produtos do serviço de turismo de Barcelona, desde o Bus Turístic até os passeios a pé, têm desconto (em geral de 10%) na sua loja on-line.

TOP 10 Festas e Tradições Catalãs

***Gegants*, Festes de la Mercè**

1 Festes de la Mercè
Semana de 23 set

A principal festa de Barcelona é uma agitada celebração de uma semana em homenagem a La Mercè *(p. 41)*. Há muitos fogos de artifício e shows ao ar livre. Quando a festa termina, não sobra nenhuma garrafa de cava na cidade. Procissões e desfiles sempre exibem os *gegants* (grandes figuras semelhantes aos bonecos de Olinda).

2 El Dia de Sant Jordi
23 abr

Nesse dia de primavera, Barcelona transforma-se numa imensa feira de livros ao ar livre e num mercado de flores. Homens e mulheres trocam flores e livros para celebrar Sant Jordi *(p. 41)*, num tributo a Cervantes e Shakespeare, ambos falecidos em 23 de abril de 1616.

3 La Revetlla de Sant Joan
23 jun

Aqui a noite de 23 de junho celebra São João e o início do verão. Os catalães festejam essa noite comendo, bebendo, dançando, soltando fogos de artifício e acendendo fogueiras em praias e cidades de toda a região.

4 Festes de Sant Medir
Por volta de 3 mar

Um eremita do século X é o foco dessa romaria pitoresca, com carruagens e cavaleiros em trajes típicos. Doces são atirados ao público, para a alegria das crianças.

5 Carnaval em Sitges
3-4 dias em fev

Essa vibrante cidade praiana *(p. 127)* celebra o Carnaval com estardalhaço. Carros alegóricos desfilam com drag queens, há concursos de dublagem e vê-se muita gente recém-saída da praia, aquecida pelo sol e por muita cerveja.

6 Festa de la Patum
Corpus Christi (mai)

A cidade de Berga (90km ao norte de Barcelona) celebra uma das festas mais animadas da Catalunha, que tem esse nome porque as pessoas imitavam com o canto o som de um tambor: *patum*. As ruas ficam cheias, há fogos de artifício, e anões, demônios e dragões dançam em cima de carros alegóricos.

7 Festa Major de Gràcia
Meados ago-fim ago

É a maior festa do verão barcelonês. As pessoas se reúnem nas ruas decoradas de Gràcia, e há desfiles, shows ao ar livre, fogos de artifício e muita cerveja e cava para regar a alegria contagiante.

Festa Major de Gràcia

8 Castells

Jun

Uma das mais espetaculares tradições da Catalunha. Muito bem treinados, os *castellers* sobem nos ombros uns dos outros com uma técnica precisa e criam um castelo humano – o mais alto leva o prêmio. No final, uma criança escala a massa humana e faz o sinal da cruz. *Castells* podem ser vistos na Plaça Sant Jaume.

***Castellers* constroem a torre humana**

9 Sardanes

"O magnífico anel móvel" é como o poeta catalão Joan Maragall descreveu a *sardana*, dança regional da Catalunha. Sutil, mas elaborada, é executada ao som da *cobla*, uma banda de metais e sopros. Podem-se ver *sardanes* na Plaça de la Seu e na Plaça Sant Jaume o ano todo *(p. 19)*.

10 Natal Catalão e a Cavalcada de Reis

O *Nadal* (Natal) começa a ser comemorado em 1º de dezembro, com a abertura da feira de artesanato. Em 5 de janeiro é realizada a *Cavalcada de Reis*, um desfile espetacular com os Três Reis Magos. Em Barcelona, eles chegam por mar e percorrem a cidade a cavalo, sob o olhar impressionado das crianças.

FESTIVAIS DE MÚSICA, TEATRO E ARTES

Público no Festival del Sónar

1 Grec Festival Barcelona
Fim jun-jul ▪ 93 316 10 00 ▪ www.bcn.cat/grec
Maior festival de música, teatro e dança de Barcelona.

2 Festival del Sónar
Meados jun ▪ www.sonar.es
Festival de música eletrônica e multimídia, exibe os últimos avanços na produção audiovisual.

3 Festival Internacional de Jazz
Out-nov ▪ 93 481 70 40 ▪ www.barcelonajazzfestival.com
Grandes nomes do gênero.

4 Festival Internacional de Cinema Fantàstic de Catalunya
Início out ▪ sitgesfilmfestival.com
Melhor festival do mundo de filmes de fantasia.

5 Festival de Música Antiga
Set-jul ▪ www.auditori.cat
Concertos de música antiga no Barri Gòtic e no L'Auditori.

6 Música als Parcs
Jul-ago ▪ www.barcelona.cat/musicaalsparcs
Concertos de música erudita e jazz nos parques da cidade.

7 Festival de Guitarra
Fev-jun ▪ 93 481 70 40 ▪ www.theproject.es
Festival internacional de violão.

8 L'Alternativa Film Festival
Nov ▪ www.alternativa.cccb.org
Os melhores filmes independentes.

9 Ciutat Flamenco
Fim mai ▪ 93 443 43 46 ▪ www.ciutatflamenco.com
Uma semana de flamenco no Mercat de les Flors.

10 Primavera Sound
Fim mai ▪ www.primaverasound.com
Festival de música pop, rock e dance music underground que atrai nomes de peso.

Barcelona Área por Área

Vista de Barcelona com a Sagrada Família ao fundo

TOP 10 Barri Gòtic e La Ribera

Mosaico, Palau de la Música Catalana

Originária da vila romana de Barcino, a cidade cresceu e as construções se multiplicaram, sobretudo nos séculos XIV e XV. O Barri Gòtic, com edifícios góticos muito bem conservados, praças e vielas pitorescas, é hoje uma esplêndida reminiscência do auge medieval de Barcelona, com a catedral como coração religioso e social. A leste do Barri Gòtic fica o velho distrito de La Ribera, com o notável Carrer Montcada e o Museu Picasso.

BARRI GÒTIC E LA RIBERA

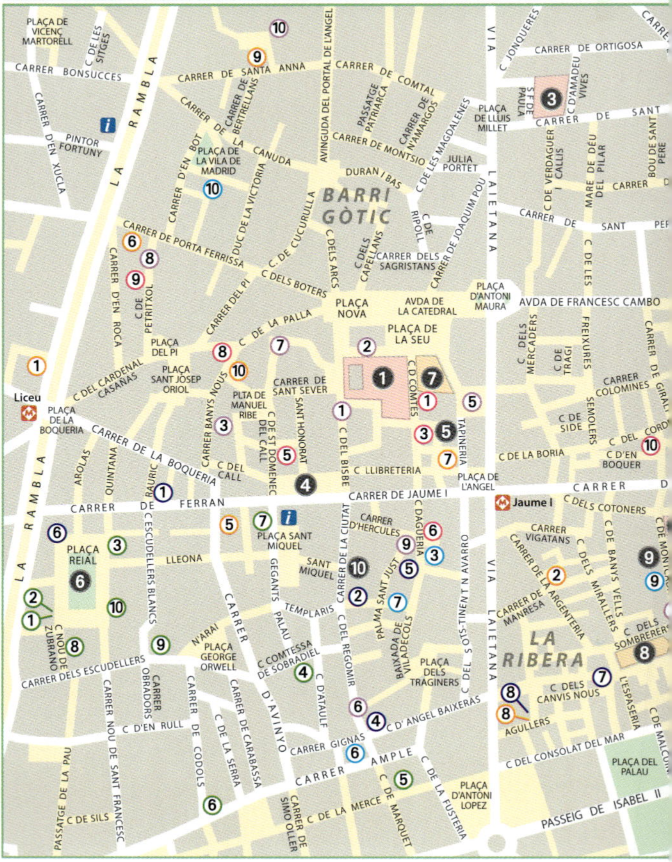

1 Catedral de Barcelona

No Barri Gòtic fica a exuberante catedral da cidade, de 1298 *(pp. 18-9)*.

2 Museu Picasso

Veja as primeiras criações de um dos maiores artistas do século XX *(pp. 30-1)*.

3 Palau de la Música Catalana

A mais prestigiosa sala de concertos da cidade é um impressionante monumento à *música catalana* e à estética modernista *(pp. 32-3)*.

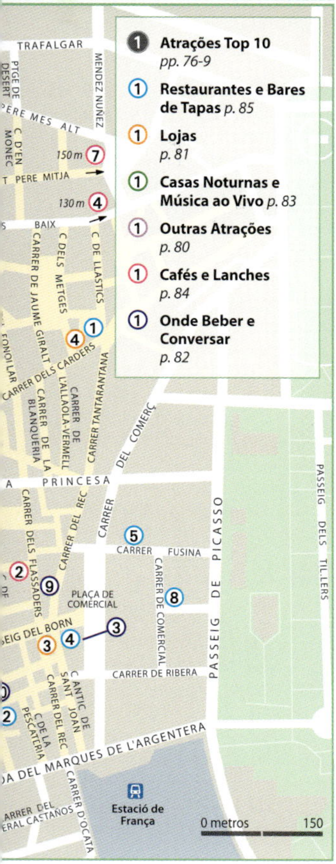

Fachada do Palau de la Generalitat

4 Plaça de Sant Jaume

MAPA M4 ■ Palau de la Generalitat: 012 (dentro da cidade) ■ Aberto 10h30-13h30 2º e 4º sáb e dom do mês para visitas guiadas, reservar no site ■ www.president.cat/pres_gov/president/ca/presidencia/palau-generalitat/visites.html ■ Ajuntament: Aberto 10h-13h30 dom para visitas guiadas (10h, em inglês)

O local da Plaça de Sant Jaume *(p. 46)* era o núcleo da Barcino romana. Com essas raízes, faz sentido que a praça abrigue hoje os dois edifícios de governo mais importantes de Barcelona: o Palau de la Generalitat (sede do parlamento catalão) e o Ajuntament (prefeitura). Procure o relevo esculpido de Sant Jordi, padroeiro da Catalunha, na fachada do século XV da Generalitat. Dentro fica a linda Capella de Sant Jordi *(p. 41)*, de 1434. Um destaque da arquitetura gótica do século XV em Ajuntament é o Saló de Cent, de onde o Conselho dos Cem governou a cidade entre 1372 e 1714. Também digno de nota é o Pati dels Tarongers, agradável pátio arqueado repleto de laranjeiras, vigiado por interessantes gárgulas.

EL BORN

Se você quer tomar um martíni bem preparado ou ouvir jazz alternativo, o lugar certo é El Born, bairro que de uns anos para cá passou de tedioso a moderno. Estudantes e artistas chegaram ao bairro atraídos por aluguéis mais baratos e pelos espaçosos armazéns, e isso criou uma aura artística que agora se funde com a atmosfera mais antiga da área. Lojas de design experimental dividem espaço nas ruas estreitas com edifícios tradicionais, com roupas secando nas sacadas. O agitado Passeig de Born, com seus bares e cafés, leva até a Plaça Comercial, onde o Mercat del Born (que funcionou de 1870 a 1970) foi convertido em centro cultural.

5 Museu d'Història de Barcelona (MUHBA)

MAPA M4 ■ Pl del Rei ■ Aberto 10h-19h ter-sáb (até 20h dom) ■ Entrada paga; grátis 1º dom do mês, todo dom após 15h ■ AD ■ museuhistoria.bcn.cat/en

A medieval Plaça del Rei *(p. 46)* abriga a sede do Museu d'Història de Barcelona, que reúne vestígios do período romano até a Idade Média. Abriga também a Casa Padellàs *(p. 42)* e o Palau Reial, onde fica a Capella de Santa Àgata *(p. 41)* e o Saló del Tinell, imponente salão abobadado onde Fernando e Isabel receberam Colombo após sua viagem às Américas, em 1492. O museu tem uma das maiores escavações subterrâneas de ruínas romanas visíveis na Europa, com lavanderia e oficina de tingimento do século II, uma fábrica de *garo* (molho de peixe) e adega do século III.

Museu Frederic Marès

6 Plaça Reial

MAPA L4

Uma das praças mais charmosas de Barcelona *(p. 46)*. Sob suas arcadas, a atmosfera elegante do fim do século XIX encontra-se com a alegria dos cafés movidos a sangria. Os postes de luz modernistas foram projetados por Gaudí em 1879 e no centro da praça há uma fonte de ferro forjado que representa as Três Graças. A praça cercada de palmeiras é um bom ponto de partida para uma noitada longa, com seus restaurantes, bares e cafés constantemente movimentados.

Fonte das Três Graças, Plaça Reial

7 Museu Frederic Marès

MAPA N3 ■ Pl de Sant Iu 5-6 ■ Aberto 10h-19h ter-sáb, 11h-20h dom ■ Entrada paga; grátis 1º dom do mês, todo dom após 15h ■ AD ■ www.museumares.bcn.cat

Esse museu fascinante abriga a coleção que o rico escultor catalão Frederic Marès levou a vida inteira para montar. O astuto (e obsessivo) Marès juntou peças que qualquer curador de museu moderno sonharia em ter. Entre elas, uma notável série de imagens e estátuas religiosas – dos tempos romanos até hoje – e o seu curioso "Museu Sentimental", que tem de tudo, desde relógios antigos a leques e bonecas. No verão, também vale a pena visitar o ensolarado Cafè d'Estiu *(p. 84)*, no pátio do museu.

8 Església de Santa Maria del Mar

MAPA P5 ■ Pl de Santa Maria 1 ■ Aberto 9h-13h e 17h-20h seg-sáb, 10h-14h e 17h-20h dom ■ www.santamariadelmarbarcelona.org

O interior espaçoso dessa igreja do século XIV *(p. 40)* é de tirar o fôlego. Projetada pelo arquiteto Berenguer de Montagut, é o principal exemplo do austero estilo gótico catalão. A igreja é dedicada a Santa Maria del Mar, padroeira dos marinheiros, e há uma antiga maquete de navio pendurada perto de uma das estátuas da Virgem. Apelidada de "a igreja do povo", é muito procurada para a realização de casamentos.

9 Museu de Cultures del Món

MAPA P4 ■ C/Montcada 14 ■ Aberto 10h-19h ter-sáb (até 20h dom) ■ Entrada paga; grátis 1º dom do mês, todo dom após 15h ■ AD ■ museuculturesmon.bcn.cat/en

O Museu de Culturas do Mundo, que ocupa os palácios Nadal e Marqués de Llió, do século XVI, apresenta as culturas da Ásia, África, América e Oceania. Entre os destaques estão esculturas hindus, pinturas japonesas, cerâmicas de Nazca, placas de bronze do Benim e arte indígena australiana.

10 Museu d'Idees i d'Invents (MIBA)

MAPA M4 ■ C/Ciutat 7 ■ 93 332 79 30 ■ Aberto 10h-14h e 16h-19h ter-sex, 10h-20h sáb, 10h-14h dom ■ Entrada paga ■ www.mibamuseum.com

Esse pequeno museu particular tem muitas peças fascinantes – algumas divertidas, como a caneca com prateleira para biscoitos; outras inovadoras, como os óculos autorreguláveis. Há exposições temporárias no andar superior e um acervo permanente no subsolo (com acesso por tobogã). As crianças podem apresentar projetos, e os melhores são patenteados e produzidos.

Exposição no Museu d'Idees i d'Invents

BARCELONA ROMANA

DE MANHÃ

Comece na estação de metrô Jaume I. Suba a Via Laietana até a **Plaça de Ramon Berenguer el Gran** *(p. 80)*, com um imponente trecho de muralhas romanas no fundo. Volte ao metrô e vire à direita na C/Jaume I para chegar à **Plaça Sant Jaume**, local do antigo foro romano. À esquerda fica a C/Ciutat, que se torna a C/Regomir: no nº 3 fica o **Pati Llimona** *(p. 80)*, sobre um longo trecho de muralhas romanas, uma das quatro principais entradas da cidade e as ruínas de banhos termais. Tome um café bom e barato no Centre Cívic Pati Llimona ou faça uma refeição leve no **Bliss** (Plaça de Sant Just).

DE TARDE

Volte à Plaça Sant Jaume e atravesse-a até a estreita C/Paradís, onde existem vestígios do **Temple d'August**, a cargo do MUHBA. No final da rua, vire à direita e vá até a Plaça del Rei. Tome um café no **Café-Bar L'Antiquari** *(p. 84)* antes de visitar o **Museu d'Història de Barcelona** (MUHBA), para ver os vestígios romanos de Barcino. Volte para a C/Comtes, que ladeia a **Catedral de Barcelona**, vire à direita e atravesse a Plaça Nova até a C/Arcs, que leva à Avinguda Portal de l'Àngel. Vire à esquerda e siga a C/Canuda para chegar à **Plaça de la Vila de Madrid**, onde sarcófagos ao ar livre, fora das muralhas segundo a tradição de Roma, estão dispostos ao longo da antiga via romana.

Outras Atrações

Passarela neogótica, Carrer del Bisbe

1 Carrer del Bisbe
MAPA M3

Essa rua medieval tem edifícios góticos, como as Cases dels Canonges (Casa dos Cônegos) e o Palau de la Generalitat *(p. 77)*. Ambos são ligados por uma passarela neogótica de pedra com arcos, de 1928.

2 Carrer de Santa Llúcia
MAPA M3

Nos fins de semana, cantores líricos amadores se exibem nessa rua medieval, onde fica a Casa de l'Ardiaca *(p. 19)* e seu encantador pátio com palmeiras e uma fonte.

3 El Call
MAPA M4

El Call abrigou uma das maiores comunidades judaicas da Espanha, até sua expulsão no século XV. Dentro da loja no nº 10 do Carrer de Banys Nous, você pode ver os antigos banhos judeus masculinos.

4 Carrer Montcada
MAPA P4

Essa parte de La Ribera tem muitas joias arquitetônicas do gótico, como o Palau Aguilar, do século XV, atual sede do Museu Picasso *(pp. 30-1)*, e o Palau Dalmases, do século XVII, e sua capela gótica.

5 Plaça de Ramon Berenguer el Gran
MAPA N3

Essa praça tem um dos maiores trechos preservados dos impressionantes muros romanos de Barcelona.

6 Carrer Regomir e Carrer del Correu Vell
MAPA M5

Há ruínas romanas esplêndidas no Carrer Regomir, em especial dentro do medieval Pati Llimona. O legado de Roma se vê, ainda, em duas torres no vizinho Carrer del Correu Vell e em trechos remanescentes dos muros na Plaça Traginers.

7 Plaça de Sant Felip Neri
MAPA M3

Um oásis de calma, com a luz do sol filtrada pelas árvores altas. A *plaça* abriga o Museu del Calçat *(p. 41)*, dedicado aos sapatos.

8 Carrer Petritxol
MAPA L3

Essa rua medieval bem preservada tem várias *granges* e *xocolateries* (confeitarias e lojas de chocolate). É ali que fica também a famosa galeria de arte Sala Parés, que já exibiu Picasso, Casas e outros catalães contemporâneos.

9 Església de Sant Just i Sant Pastor
MAPA M4

Essa igreja gótica, concluída em 1342, tem esculturas que datam do século IX, e pias de batismo visigodas do século V.

10 Església de Santa Anna
MAPA M2

Bem perto da Rambla encontra-se a inesperada tranquilidade dessa igreja românica, com um bonito claustro gótico do século XV.

Lojas

1 Escribà Confiteria i Fleca

MAPA L3 ■ La Rambla 83

Se doces e chocolates não forem uma atração suficiente, então a vitrine de loja modernista certamente compensará a visita. Compre os doces para viagem ou os consuma no café da loja.

Sapato da Como Agua de Mayo

2 Como Agua de Mayo

MAPA N4 ■ C/Argenteria 43

Pequena butique de moda e calçados, tem tudo de estilistas espanhóis. O estilo é feminino e glamoroso e os preços são razoáveis.

3 Coquette

MAPA P5 ■ C/Rec 65

Roupas femininas fabulosas, além de acessórios e cosméticos, numa loja estilo loft. Marcas espanholas e francesas de primeira linha, como Hoss, Intropia e See by Chloé.

4 Ramonas Barcelona

MAPA P3 ■ C/Carders 51

Essa loja especializada em ciclismo urbano vende acessórios para personalizar a bicicleta. Entre outras coisas, encontram-se espelhos, bagageiros, campainhas, capacetes e capas para selim.

5 La Manual Alpargatera

MAPA M4 ■ C/Avinyó 7

O que o papa João Paulo II, Jack Nicholson, Salvador Dalí e legiões de *barcelonins* têm em comum? Todos eles compraram ou compram alpargatas nessa sapataria tradicional.

6 Casa Colomina

MAPA M3 ■ C/Cucurulla 2

Crave os dentes num *torró*, especialidade espanhola de mel e clara de ovo com amêndoas. Essa loja de 1908 tem vários tipos, alguns com chocolate ou marzipã.

7 Cereria Subirà

MAPA N4 ■ Baixada Llibreteria 7

Fundada em 1761, é a loja mais antiga de Barcelona. Hoje ela tem em estoque todo tipo de vela que se possa imaginar, da simples, branca, a obras de arte feitas de cera.

8 Vila Viniteca

C/Agullers 7

É uma das melhores lojas de vinhos e destilados da cidade. A loja adjacente vende iguarias espanholas de alta qualidade, como *jamón*, *quesos* e *aceite de oliva*.

9 Guantería Alonso

MAPA M2 ■ C/Santa Anna 27

Essa loja é o lugar ideal para quem procura leques pintados à mão, luvas feitas artesanalmente, mantas e xales bordados, pentes ornamentais e outros acessórios tipicamente espanhóis.

10 L'Arca de l'Àvia

MAPA M3 ■ C/Banys Nous 20

Roupas antigas incríveis, de vestidos drapeados a espartilhos, xales de seda, camisas bufantes e peitilhos com alfinetes. Também tem uma seleção de bonecas e leques antigos.

Xale de seda vintage, L'Arca de L'Àvia

Veja mapa nas pp. 76-7

Onde Beber e Conversar

1 Schilling
MAPA M4 ■ C/Ferran 23

Com grandes janelas para as multidões do Carrer Ferran, esse bar espaçoso atrai uma mistura animada de visitantes e locais.

2 Bar L'Ascensor
MAPA M4 ■ C/Bellafila 3

Um antigo *ascensor* – elevador em espanhol e catalão – de madeira escura serve de entrada a esse bar com luz suave e ambiente tranquilo.

3 Café del Born Nou
Pl Comercial 10

Localizado em frente ao Mercat del Born, esse estabelecimento oferece bons café e tortas, além de saladas, sanduíches e refeições leves. Atrai um pessoal tranquilo, ligado às artes, que relaxa lendo jornais e usufruindo do Wi-Fi.

4 Milk
MAPA M5 ■ C/Gignàs 21

Decorado como uma sala luxuosa, com sofás elegantes, quadros com moldura dourada, lustres e papel de parede no estilo dos anos 1950, serve brunch (9h-16h30), almoço e jantar diariamente.

5 Ginger
MAPA N4 ■ C/Palma de Sant Just 1 ■ Fechado dom, seg

Bar elegante, serve vinhos excelentes, champanhe, cava, drinques e uma variedade de tapas criativos para uma clientela charmosa.

6 Glaciar
MAPA L4 ■ Pl Reial 3

Situado numa esquina da Plaça Reial, esse café-bar atrai clientela bem variada. Arrume um lugar no terraço com vista privilegiada do movimento da *plaça*.

7 La Vinya del Senyor
MAPA N5 ■ Pl Santa Maria 5

Bar refinado e acolhedor, atrai apreciadores de vinho de toda a cidade, que vêm degustar uma variedade de rótulos espanhóis e internacionais.

8 Collage Art & Cocktail Social Club
MAPA N5 ■ C/Consellers 4

As experimentações criativas, entre as quais os coquetéis "moleculares", desse bar único rendem coquetéis originais e com preço em conta. O lounge, no andar superior, tem móveis vintage, um piano, e abriga pequenas exposições de pintura.

Decoração da sala de estar do Milk

9 Juanra Falces
MAPA P4 ■ C/Rec 24 ■ Fechado dom e seg

Bar de coquetéis original de El Born, o intimista Juanra Falces, com seu estilo anos 1950, serve drinques potentes ao público local.

10 Mudanzas
MAPA P5 ■ C/Vidrieria 15

Um reduto popular há muitos anos, tem mesas redondas de mármore, piso branco e preto e ambiente convidativo.

Casas Noturnas e Música ao Vivo

1 Jamboree

MAPA L4 ■ Pl Reial 17 ■ Entrada paga ■ www.masimas.com/jamboree

Essa instituição do Barri Gòtic tem jazz ao vivo toda noite (20h-24h). Depois, vira uma balada, com DJs tocando de hip-hop a R&B e salsa *(p. 58)*.

2 Tarantos

MAPA L4 ■ Pl Reial 17 ■ Entrada paga ■ www.masimas.com

Ao lado do Jamboree, Tarantos é o mais antigo clube de flamenco de Barcelona. Tem três apresentações diárias de violão flamenco com canto e dança – às 20h30, 21h30 e 22h30 –, de jovens artistas locais ou nomes mais conhecidos.

3 Sidecar Factory Club

MAPA L4 ■ Pl Reial 7 ■ Entrada paga ■ Fechado dom

A cena musical de Barcelona é uma moto à qual a Sidecar está ligada de modo inseparável. A casa tem música, cabaré e boa comida.

Apresentação no Harlem Jazz Club

4 Harlem Jazz Club

MAPA M5 ■ C/Comtessa de Sobradiel 8 ■ Fechado seg, shows a partir das 22h30 ■ Entrada paga ■ www.harlemjazzclub.es

Escuro e enfumaçado, toca jazz e blues, flamenco fusion, reggae e música africana *(p. 54)*.

5 Fantástico Club

MAPA L5 ■ Ptge Escudellers 3

Pop, electro pop e decoração em cores suaves fizeram desse lugar um grande sucesso da cidade.

O Polaroids, com estilo dos anos 1980

6 Polaroids

MAPA M5 ■ C/Còdols 29

Um bar fabulosamente kitsch, com decoração anos 1980 e som retrô. Os drinques têm preço razoável e em geral vêm com grandes tigelas de pipoca grátis. Chegue cedo, pois o lugar vive lotado.

7 El Paraigua

MAPA E4 ■ C/l Pas de l'Ensenyança 2 ■ Entrada paga ■ www.elparaigua.com

Esse lindo café *fin de siècle* tem um espaço íntimo no subsolo que oferece shows de jazz, folk e blues.

8 Café Royale

MAPA L5 ■ C/Nou de Zurbano 3 ■ Fechado dom e seg

Perto da Plaça Reial, tem decoração elegante e minimalista e uma pequena pista de dança. Às vezes, há música ao vivo e shows de flamenco.

9 Marula Café

MAPA L5 ■ C/Escudellers 49 ■ AD

Clube intimista, com DJs locais e internacionais e música ao vivo animada todos os dias.

10 Karma

MAPA L4 ■ Pl Reial 10 ■ Entrada paga ■ Fechado seg

As origens hippies e o charme setentista desse clube estão sempre em alta.

Veja mapa nas pp. 76-7

Cafés e Lanches

1 Cafè d'Estiu

MAPA N3 ■ Pl de Sant lu 5-6 ■ Fechado seg e out-mar ■ AD

Esse café com terraço no pátio do Museu Frederic Marès *(p. 78)* tem pilares de pedra, hera e laranjeiras. O ingresso do museu dá direito a desconto.

2 La Báscula

MAPA P4 ■ C/Flassaders 30 ■ Fechado seg e ter ■ 93 319 98 66

Esse café peculiar, numa velha fábrica de chocolate, tem pratos vegetarianos e muitos doces saborosos.

3 Cafè-Bar L'Antiquari

MAPA N4 ■ C/Veguer 13

Durante o dia, sente ao lado da janela e aprecie a vista da cidade medieval. De noite, experimente os coquetéis no lounge do andar superior, em estilo barroco.

4 Elsa y Freda

MAPAS F4 e Q2 ■ C/Rec Comtal 11 ■ 93 501 66 11 ■ Aberto 8h30- 1h30 diariam (a partir das 9h sáb-dom)

Com poltronas de couro e amplas janelas, é o lugar perfeito para se demorar num brunch descontraído e saborear *patates braves* ou sushi de salmão.

5 Tetería Salterio

MAPA M4 ■ C/Sant Domenec del Call 4 ■ Fechado até 13h sáb-dom

Relaxe tomando chá com doces árabes. Não deixe de provar também a *sardo*, uma pizza em estilo oriental, com sabores variados.

6 Café Bliss

MAPA N4 ■ Pl Sant Just ■ 93 268 10 22

Faça uma parada nesse delicioso café enquanto explora o Barri Gòtic. Tem bolos deliciosos, refeições leves, lanches e, claro, café. Peça uma mesa ao ar livre no verão *(p. 64)*.

7 En Apartè

MAPA P2 ■ C/Lluís el Piadós 2 ■ 93 269 13 35

Essa opção descontraída, com mesas ao ar livre e vista para a praça, serve pratos e vinhos franceses, um ótimo café e brunch *(p. 65)*.

8 Caelum

MAPA M3 ■ C/Palla 8 ■ Aberto até 20h30 diariam (22h30 sex e sáb)

No andar superior vende mel, conservas e alimentos feitos em conventos e mosteiros de toda a Espanha. No térreo pode-se provar tudo isso num café, local de antigas termas do século XV.

9 La Granja Pallaresa

MAPA L3 ■ C/Petritxol 11 ■ Fechado 13h-16h diariam

Essa *xocolateria* familiar serve chocolate quente com *xurros* (churros).

10 Bar del Pla

MAPA P4 ■ C/Montcada 2 ■ Fechado dom e seg

Uma combinação interessante de tapas espanholas com um toque francês. Prove pé de porco com foie gras ou croquetes de tinta de lula.

Entrada do Bar del Pla

Restaurantes e Bares de Tapas

1 Bar Mundial
MAPA P3 ■ Pl de Sant Agustí Vell 1 ■ 93 319 90 56 ■ Fechado seg e ter almoço ■ €
Inaugurado em 1925 e com as mesas de mármore originais, esse clássico bar de tapas é um dos melhores. O cardápio muda sempre.

2 Cal Pep
MAPA P5 ■ Pl de les Olles 8 ■ 93 310 79 61 ■ Fechado sáb jantar, dom, seg almoço, ago ■ €
Prove uma variedade de tapas deliciosas e excelentes frutos do mar nesse ponto tradicional.

3 Cafè de l'Acadèmia
MAPA N4 ■ C/Lledó 1 ■ 93 319 82 53 ■ Fechado sáb, dom, ago ■ €€
Situado num prédio do século XVIII, esse excelente restaurante serve uma deliciosa culinária catalã moderna e ótimas sobremesas.

4 Comerç 24
MAPA P4 ■ C/Comerç 24 ■ 93 319 21 02 ■ Fechado dom e seg ■ AD ■ €€
O destaque desse restaurante criativo é o cardápio sempre renovado. Cada *platillo* (pratinho) combina sabores únicos para compor uma refeição peculiar e saborosa *(p. 63)*.

5 Llamber
MAPAS F4 e P4 ■ C/Fusina 5 ■ 93 319 62 50 ■ Aberto até 2h30 diariam ■ €€
Saboreie os produtos da estação, como os legumes da própria horta e camarões do Mediterrâneo, em um ambiente descontraído em estilo de loft, em que dominam os tijolos aparentes e as madeiras quentes.

6 Agut
MAPA M5 ■ C/Gignàs 16 ■ 93 315 17 09 ■ Fechado dom jantar e seg, 1 semana em jan, ago ■ AD ■ €€
Há mais de 75 anos esse restaurante acolhedor e familiar serve pratos excelentes da cozinha catalã a preços razoáveis.

CATEGORIAS DE PREÇO
Refeição para uma pessoa com três pratos (ou equivalente) e meia garrafa de vinho, impostos e serviço.

€ até €35 €€ €35-50 €€€ acima de €50

7 Bodega La Palma
MAPA M4 ■ Palma de Sant Just 7 ■ 93 315 06 56 ■ Fechado dom, 2 semanas em ago ■ €
Restaurante boêmio numa antiga adega, serve tapas, como pimentões *piquillo* recheados.

Interior descolado do Big Fish

8 Big Fish
MAPA Q4 ■ C/Comercial 9 ■ 93 268 17 28 ■ Aberto 12h-24h diariam ■ €€
Elegante mas informal, tem vários sofás. Serve frutos do mar e sushis. À noite o restaurante vira bar, com boa música, e fica aberto até tarde.

9 El Xampanyet
MAPA P4 ■ C/Montcada 22 ■ 93 319 70 03 ■ Fechado dom de noite, seg ■ €
Um bar à moda antiga, popular para tomar cava e comer tapas simples.

10 Govinda
MAPA M2 ■ Pl Vila de Madrid 4 ■ 93 318 77 29 ■ Fechado noites de dom e seg ■ AD ■ €
Lugar informal, tem pratos indianos vegetarianos e sobremesas deliciosas. Não serve bebida alcoólica.

Veja mapa nas pp. 76-7

TOP 10 El Raval

Chaminé, Palau Güell

O elegante Museu d'Art Contemporani (MACBA) contrasta com os cortiços. Mercearias de asiáticos vendem ervas e especiarias perto de onde foram os mais decadentes prostíbulos da Europa, e bares antigos e enfumaçados dividem as ruas estreitas com galerias de arte – esse é um reduto tradicional de classe operária. Desde a década de 1990, tem passado por uma grande reurbanização. Não surpreende, portanto, a sua recente valorização imobiliária, atraindo jovens descolados.

EL RAVAL

1 Museu d'Art Contemporani (MACBA)

Uma eclética variedade de obras dos mais importantes artistas espanhóis e internacionais está reunida no museu de arte contemporânea da cidade *(pp. 34-5)*. Há exposições temporárias sobre técnicas mistas, escultura ou fotografia. Do outro lado fica o gótico Convent dels Àngels, do século XVI, originalmente construído por Bartomeu Roig para as freiras da Terceira Ordem Dominicana. Após ter sido restaurado, o convento abrigou o FAD de 1999 a 2013 – grupo de designers e arquitetos fundado em 1903. Desde que o FAD se mudou para o Museu de Disseny *(p. 109)*, o espaço se tornou o Capella MACBA.

2 Centre de Cultura Contemporània (CCCB)

Alojado no edifício do século XVIII da Casa de la Caritat, o CCCB é o coração da dinâmica cena artística da cidade *(pp. 34-5)*. No local acontecem exposições de arte inovadoras, festivais literários, palestras e projeções de filmes. Um pátio medieval é contrastado por uma imensa parede inclinada de vidro, projetada a fim de refletir a paisagem da cidade.

Suntuoso interior do Palau Güell

Fachada branca do MACBA

3 Museu Marítim

MAPA K6 ■ Av de les Drassanes ■ 10h-20h diariam ■ Entrada paga; gratuita dom 15h ■ Santa Eulàlia, passeio de barco: 10h-13h sáb (faça reserva) ■ www.mmb.cat

O legado marítimo de Barcelona é mostrado nesse museu *(p. 43)*, que reabriu em 2015 com dispositivos de alta tecnologia após ser restaurado. Contemple os lindos arcos góticos, onde antes os navios reais eram construídos, e a réplica em escala original do *Real*, navio de guerra do século XVI. Explore também a *Santa Eulàlia (p. 102)*, uma escuna de 1918 atracada no Moll de la Fusta, e, aos sábados, conheça a orla marítima a bordo dela.

4 Palau Güell

MAPA L4 ■ C/Nou de la Rambla 3-5 ■ Aberto 10h-20h ter-dom (17h30 nov-mar); entrada até1 hr antes do fechamento ■ Entrada paga ■ www.palauguell.cat

Em 1886, o conde Güell pediu a Gaudí para lhe construir uma casa que o distinguisse dos seus vizinhos. O resultado é o Palau Güell, uma das primeiras encomendas de Gaudí. O interior é mais escuro e menos lúdico do que seus trabalhos mais tardios, mas os painéis de vitrais e as janelas dão claridade. As salas cercam um enorme salão central com teto em forma de domo. O charmoso terraço remete a outras lindas coberturas, como La Pedrera.

5 Carrers dels Tallers e de la Riera Baixa

MAPAS L1 e K3

Procurando um quepe vintage azul e branco da marinha francesa igual a que Picasso usava ou o CD pirata da turnê europeia da Madonna? Nos Carrers dels Tallers e de la Riera Baixa, no coração do Raval, há muitas lojas de discos usados e brechós que vendem de tudo – de vinis e os últimos CDs a camisas havaianas originais. Aos sábados, o Carrer de la Riera Baixa sedia uma feira (11h-21h), na qual as lojas expõem seus produtos na rua.

6 Avinguda Paral·lel

MAPAS B3-D5

Essa longa avenida abrigava os mais animados teatros e cabarés da cidade na virada do século XX, e embora tenha sido bombardeada durante a Guerra Civil ainda é o coração do bairro dos teatros. A área está em pleno renascimento, graças principalmente à restauração da famosa sala de espetáculos El Molino, que data de 1898 e volta a acolher concertos e shows *(p. 54)*. A rua recebe muitas festas e há planos para transformar o antigo Teatro Arnau em museu de artes performáticas.

Edifícios na Avinguda Paral·lel

Loja no Carrer de la Riera Baixa

7 La Rambla del Raval

MAPA K4

Essa rua de pedestres ladeada de palmeiras foi aberta com a intenção de criar um ambiente de convivência similar ao da famosa Rambla original *(pp.16-7)*. O Barceló Hotel, com sua forma cônica e seu terraço panorâmico, e a elegante Filmoteca, cinemateca com café, são sinais da recuperação da área. No meio da rua, o enorme gato de bronze de Botero costuma ficar cheio de crianças das redondezas se pendurando em seus bigodes ou escalando suas costas. As novas lojas, bares e cafés indicam que a Rambla del Raval nos próximos anos pode rivalizar com sua versão mais antiga.

8 Filmoteca

MAPA K4 ■ Pl de Salvador Seguí 1-9 ■ 93 567 10 70 ■ www.filmoteca.cat

A Filmoteca – o arquivo cinematográfico catalão – ocupa um grande prédio contemporâneo ao lado da Rambla del Raval e teve papel essencial na revitalização desse bairro. Tem duas salas de projeção e apresenta programas variados e interessantes. Há ciclos dedicados aos maiores diretores do mundo todo, documentários, muitos trabalhos catalães, além de eventos especiais para as crianças. Ela é bastante popular, não só por causa dos preços bem em conta: há também um ótimo café com livraria, um centro de documentação e um terraço externo muito concorrido. Todo primeiro domingo do mês, um mercado das pulgas ocupa a praça em frente.

9 Antic Hospital de la Santa Creu

MAPA K3 ■ Entradas na C/Carme e na C/Hospital 56 ■ Pátio aberto 9h-20h diariam

Esse complexo gótico de hospitais (1401), hoje sede da Biblioteca Nacional e de vários órgãos culturais, é um legado do passado medieval do bairro. Dentro dele, você pode visitar um agradável jardim rodeado de pilastras góticas, mas para entrar na biblioteca é preciso ter carteirinha. A capela foi transformada em um esplêndido espaço de arte contemporânea *(p. 90)*.

10 Església de Sant Pau del Camp

MAPA J4 ■ C/Sant Pau 101 ■ Aberto 10h-13h30 e 16h-19h30 seg-sex, 9h30-12h30 sáb; Missa 20h sáb, 12h dom ■ Entrada paga

Bem no centro de El Raval fica essa igreja românica, uma das mais antigas de Barcelona. Originalmente fundada no século IX como um mosteiro beneditino, e depois reconstruída, ela ostenta hoje um interessante claustro do século XII *(p. 40)*.

Església de Sant Pau del Camp

LA RAMBLA DEL RAVAL

DE MANHÃ

Escolha uma exposição em cartaz no **MACBA** ou no **CCCB** *(p. 87)*, as duas instituições de arte contemporânea e de cultura mais importantes da cidade, que ficam lado a lado. Curta os skatistas na Plaça dels Àngels ou relaxe no café que dá para o pátio. Pegue a C/Joaquin Costa até a **Rambla del Raval**, para passear entre as palmeiras e contemplar o *Gato* de Botero. A Rambla está tomada por cafés e restaurantes: escolha um para almoçar (o **Suculent**, no nº 43, é particularmente bom (*p. 63*), ou siga para o popular café da **Filmoteca**, situado ao lado da Rambla.

DE TARDE

Na parte inferior da Rambla, vire à direita na C/Sant Pau, rumo ao charmoso mosteiro românico da **Església de Sant Pau del Camp**. Contemple a igreja simples e seu pequeno claustro com colunas delicadamente esculpidas. Siga então a C/Sant Pau, vire à direita quando chegar à Rambla, então à esquerda na C/Nou de la Rambla. No nº 3 fica o magnífico **Palau Güell**, de Gaudí, uma casa extravagante, que foi uma das primeiras encomendas dos Güells. Foi toda lindamente restaurada, tem suntuosos salões e sua cobertura é aberta à visitação. Comece a noite tomando absinto em um dos mais antigos bares de Barcelona, o **Marsella** *(p. 92)*, antes de continuar no vizinho **London Bar** *(p. 92)*, notável por sua decoração modernista original.

Veja mapa na p. 86

Galerias e Lojas de Design

1 Galeria dels Àngels

MAPA L2 ■ C/Pintor Fortuny 27 ■ Fechado sáb e dom

Artistas contemporâneos de renome e emergentes, locais e estrangeiros, expõem nessa galeria de fotografia, pintura e escultura de vanguarda.

2 Miscelanea

MAPA K5 ■ C/Guardia 10 ■ Aberto 17h-23h qua-dom (até 2h sex e sáb) ■ www.miscelanea.info

Miscelanea é um projeto artístico associativo com espaço multidisciplinar. Na entrada está a galeria, que recebe exposições temporárias de novos artistas locais ou internacionais; embaixo fica a loja, que vende objetos de design, peças de arte originais e reproduções, com café e Wi-Fi gratuito.

Peixe, Imanol Ossa

3 Siesta

MAPA K2 ■ C/Ferlandina 18 ■ 93 317 80 41 ■ Fechado sáb de tarde, dom e seg

Parte loja, parte galeria de arte, o local oferece cerâmicas, joias e objetos de vidro singulares. Também promove exposições temporárias.

4 Tinta Invisible

MAPA K1 ■ C/Lleó 6 ■ 93 301 29 42 ■ Fechado sáb-dom

Local de workshop e exposições dedicado aos "artistas do livro". Gravuras, encadernações, impressões e design gráfico.

Ilustrações na Tinta Invisible

5 Grey Street

MAPA D4 ■ C/Peu de la Creu 25 ■ Aberto seg-sáb 12h-21h

Essa prestigiosa galeria apresenta obras de arte contemporânea arrojadas e inovadoras.

6 La Capella

MAPA K3 ■ C/Hospital 56 ■ Horários variam, veja no site ■ lacapella.bcn.cat

A capela gótica do Antic Hospital de la Santa Creu *(p. 89)* é hoje uma galeria de arte contemporânea dirigida pela prefeitura e dedicada a novos artistas *(p. 70)*.

7 Imanol Ossa

MAPAS D4 e K2 ■ C/Peu de la Creu 24 ■ 63 68 05 703 ■ www.imanolossa.com

Luminárias curiosas e originais, joias, esculturas e móbiles são feitos com objetos reciclados nesse estúdio, verdadeira caverna de Aladim, dirigido por um jovem designer.

8 La Xina A.R.T.

MAPA J4 ■ Hort de la Bomba 6 ■ Aberto 17h30-20h30 qui-sáb ■ www.laxinaart.org

A mais recente arte contemporânea é apresentada nessa galeria inovadora, criada por quatro artistas locais no final da década de 1990.

9 Loring Art

MAPA L1 ■ C/Gravina 8 ■ Fechado sáb e dom

Multimídia e design digital são o destaque dessa livraria independente.

10 aDa Art Gallery

MAPA J2 ■ C/dels Salvador 8 ■ 93 017 16 70 ■ Aberto 17h30-20h30 seg-sex ■ www.adaarts-bcn.com

Essa galeria tem um dinâmico programa de exposições de novos artistas e nomes mais estabelecidos, e apresenta concertos, leitura de poesia, cabaré e teatro.

Lojas de Antigos e Usados

Vestidos na Lailo

1 Flamingos

MAPAS D4 e K2 ■ C/de Ferlandina 20 ■ 93 182 43 87 ■ www.vintagekilo.com ■ Aberto 11h-21h seg-sáb

Essa fabulosa loja vintage, que vende também velhos cartazes e bricabraques, segue o sistema do peso: paga-se por quilo, conforme a categoria de roupas escolhida.

2 Holala

MAPA L1 ■ C/Tallers 73 ■ Aberto 11h-21h seg-sáb

Revire os três andares desse grande brechó até achar sua roupa. De quimonos de seda originais a calças do exército e maiôs coloridos dos anos 1950.

3 Fusta'm

MAPA K1 ■ C/Joaquim Costa 62 ■ Aberto 11h-14h e 17h-21h seg-sáb ■ www.fustam.cat

Descubra móveis, luminárias e objetos decorativos usados dos anos 1950, 1960 e 1970, vindos do mundo todo, totalmente restaurados na própria oficina.

4 Revólver Records

MAPA L2 ■ C/Tallers 11 ■ Fechado dom

A especialidade é o rock clássico – como mostra a arte na parede retratando os Rolling Stones e Jimi Hendrix. Um andar com CDs e outro com discos de vinil.

5 Wilde Vintage

MAPA K2 ■ C/Joaquin Costa 2

A butique bem pouco iluminada vende óculos de sol, de modelos aviador até armações estilo gatinho da década de 1960.

6 Holala Plaza

MAPA L1 ■ Pl Castella 2 ■ Fechado dom

Imensa loja de usados, de roupa a mobília e quinquilharias, no coração do Raval. Atrai um público descolado.

7 Lailo

MAPA K3 ■ C/Riera Baixa 20

Num teatro transformado em loja vintage, você encontra de vestidos de noite da década de 1950 a trajes dos anos 1920.

8 Ulleres M Assumpta

MAPA L2 ■ C/Ramalleres 3 ■ Fechado sáb à tarde e dom

Essa loja minúscula vende óculos de grau e de sol vintage e com design próprio.

9 Discos Tesla

MAPA L2 ■ C/Tallers 3

Loja pequena mas com bom estoque de vinis e CDs, tem foco na música alternativa de décadas passadas. É o tipo de lugar onde você cantarola algumas notas e o dono consegue encontrar o disco com a canção.

10 The Vintage Room

MAPA D4 ■ C/Peu de la Creu 16 bis ■ 647 63 26 94 ■ Aberto 12h-14h30 e 17h-20h ter-sáb, fechado sáb em ago

Móveis e objetos de decoração dos anos 1950 a 1970 estão à venda nessa moderna loja. Há também peças menores, como luminárias e cerâmicas, da Itália ou Alemanha.

Veja mapa na p. 86

Bares e Casas Noturnas

Bar Almirall, fundado em 1860

1 Bar Almirall
MAPA K2 ■ C/Joaquin Costa 33

As portas em estilo modernista se abrem para uma clientela jovial no bar mais antigo de Barcelona. Inaugurado em 1860, tem muitos adereços originais, música eclética e drinques fortes.

2 Zelig
MAPA K2 ■ C/Carme 116

Intimista e acolhedor, esse bar *gay friendly* é uma ótima opção para iniciar a noite. Serve excelentes coquetéis, como o ótimo mojito, e lanches leves.

3 Bar Resolis
MAPA K3 ■ C/Riera Baixa 22

Antes um bar antiquado de bairro, o Resolis é agora uma taberna boêmia chique, com um pequeno terraço. Vinho e coquetéis acompanham deliciosas tapas.

4 Marsella
MAPA K4 ■ C/Sant Pau 65

Bar modernista à meia-luz, serve drinques e absinto a *habitués* e novatos *(p. 58)*.

5 Bar Pastis
MAPA K6 ■ C/Santa Mónica 4 ■ Fechado seg

Esse bar minúsculo remete ao lado boêmio de Raval, com música ao vivo, desde o flamenco e o tango até o blues e jovens compositores. Como sugere o nome, serve *pastis*, bebida francesa à base de anis.

6 Betty Ford's
MAPA K1 ■ C/Joaquin Costa 56

Com o mesmo nome do famoso centro hollywoodiano de reabilitação, esse bar de coquetéis, kitsch e relaxante, inspira-se nos anos 1950.

7 Moog
MAPA L5 ■ C/Arc del Teatre 3

DJs de renome tocam techno e eletrônica. Se quiser dançar clássicos dos anos 1980, suba ao segundo andar.

8 Boadas Cocktail Bar
MAPA L2 ■ C/Tallers 1 ■ Fechado dom

Pequeno bar de drinques fundado em 1933. Continua servindo os melhores martínis da cidade. Costuma lotar.

9 La Penúltima
MAPA J2 ■ C/Riera Alta 40

Um bar pequeno e peculiar, com uma coleção de bonecos Barbie e Ken em posições curiosas. O local é *gay friendly* e perfeito para o primeiro drinque da noite. Em geral, toca música alternativa.

10 London Bar
MAPA K4 ■ C/Nou de la Rambla 34 ■ Fechado seg

Esse bar meio tumultuado sempre foi obrigatório, e já teve clientes como Picasso, Miró e Hemingway. Prove os drinques enquanto aprecia a mobília modernista original.

Decoração modernista do London Bar

Onde Comer

1 Caravelle

MAPA E4 ■ C/Pintor Fortuny 31 ■ 93 317 98 92 ■ Fechado seg à noite ■ €

Esse local, próximo ao MACBA, se tornou o favorito para o brunch do fim de semana ou para tomar café. O menu muda regularmente, mas costuma ter deliciosos huevos rancheros, boas sopas e saladas criativas. Há opções vegetarianas.

2 Can Lluís

MAPA J3 ■ C/de la Cera 49 ■ 93 441 11 87 ■ Fechado dom ■ €€

Esse restaurante, dirigido pela mesma família há três gerações, prepara pratos desde 1929. A comida é simples e deliciosa, e o almoço, com preço fixo, é uma pechincha.

3 Ca l'Isidre

MAPA J4 ■ C/Les Flors 12 ■ 93 441 11 39 ■ Fechado sáb (no verão), dom, Páscoa, 2 semanas em ago, Natal ■ AD ■ €€€

Picasso, Tapiès, Miró, Dalí, Woody Allen e até o rei Juan Carlos já provaram a comida catalã desse reduto de artistas.

4 Teresa Carles

MAPA L1 ■ C/Jovellanos 2 ■ 93 317 18 29 ■ €

Serve pratos vegetarianos criativos, como *crêpes* com alcachofra e brie. O menu a preço fixo no almoço seg-sex tem ótimo custo-benefício.

5 El Colectivo Café

MAPA L2 ■ C/Pintor Fortuny 22 ■ 93 318 63 80 ■ Fechado dom em ago ■ €

Café moderno e tranquilo. Serve alguns dos melhores bolos da cidade, inclusive opções veganas.

6 El Jardí

MAPA K3 ■ C/Hospital 56 ■ Fechado seg ■ €

Situado no pátio do Antic Hospital de la Santa Creu *(p. 89)*, El Jardí serve deliciosas panquecas, sopas e saladas. Jazz ao vivo no verão *(p. 65)*.

CATEGORIAS DE PREÇO

Refeição para uma pessoa com três pratos (ou equivalente) e meia garrafa de vinho, impostos e serviço.

€ até €35 €€ €35-50 €€€ acima de €50

7 Bacaro

MAPA L3 ■ C/Jerusalén 6 ■ Fechado dom ■ 69 579 60 66 ■ €€

Atrás da Boqueria, esse pequeno restaurante-bar italiano serve um cardápio que muda com frequência. Cozinha veneziana moderna.

Balcão do Marmalade

8 Marmalade

MAPA J2 ■ C/Riera Alta 4-6 ■ 93 442 39 66 ■ €

Bar estilo loft, serve drinques, lanches e refeições à noite (salteados, fajitas, peixe com fritas), além de um ótimo brunch nos fins de semana.

9 Els Ocellets

MAPA D4 ■ Ronda Sant Pau 55 ■ 93 441 10 46 ■ Fechado dom à noite, seg, 2 semanas em ago ■ AD ■ €

Culinária tradicional com toque criativo em um ambiente elegante. Menu com preço fixo em conta.

10 L'Havana

MAPA K2 ■ C/Lleó 1 ■ 93 302 21 06 ■ Fechado dom à noite, seg ■ €€

Apesar do nome, serve boa comida catalã. Prove o pescado fresco do dia ou pratos regionais clássicos, como pé de porco.

Veja mapa na p. 86

TOP 10 Montjuïc

Estátua no Castell de Montjuïc

O nome significa "monte judeu", pois havia ali na Idade Média um importante cemitério judaico. Esse grande parque foi criado para a Exposição Internacional de 1929, quando se ergueram também o Palau Nacional e o Pavelló (Pavilhão) Mies van der Rohe. No entanto, a área logo entrou em decadência e acabou se degradando. Levando em conta que o castelo funcionou durante os anos do franquismo como local de execuções por fuzilamento, é quase um milagre que Montjuïc seja hoje uma das grandes atrações turísticas de Barcelona. Ao ser escolhida como núcleo das Olimpíadas de 1992, transformou-se num lindo oásis verde, com fabulosos museus e instalações esportivas interligados por uma rede de escadas rolantes ao ar livre e entremeados por serenos jardins sombreados.

MONTJUÏC

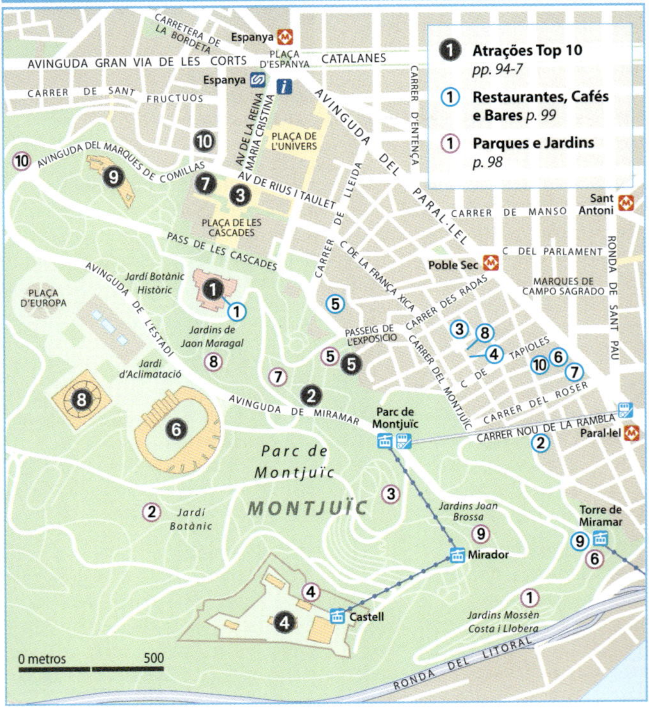

1 Palau Nacional e Museu Nacional d'Art de Catalunya

O Palau Nacional abriga o Museu Nacional d'Art de Catalunya, que expõe coleções de arte da região. Trata-se de um dos melhores acervos de arte românica do mundo, do qual se destaca a série de impressionantes afrescos do século XII. Tais tesouros, resgatados de igrejas dos Pireneus catalães, foram minuciosamente remontados e instalados numa série de galerias *(pp. 20-1)*.

2 Fundació Joan Miró

Um dos artistas mais aclamados da Catalunha, Joan Miró (1893-1983) doou muitas das 11 mil obras desse museu, instalado num edifício branco projetado pelo amigo arquiteto Josep Lluís Sert. É a coleção de obras de Miró mais completa do mundo *(pp. 28-9)*.

3 Font Màgica

MAPA B4 ■ Pl Carles Buigas 1 (em frente à Av Reina Maria Cristina) ■ abr-out: a cada 30 min 9h-23h30 qui-dom (último show 23h); out-mar: a cada 30 min 7h-21h sex-sáb (último show 20h30); não há apresentações 7 jan-25 fev ■ AD

Abaixo das cascatas e fontes que descem do Palau Nacional está a Fonte Mágica, projetada por Carles Buigas para a Exposição Internacional de 1929. À medida que anoitece, incontáveis jatos de água são coreografados por uma música hipnótica e um show de luzes. Quando a água se junta num único jato,

Os jatos de água da Font Màgica

eleva-se a 15m de altura. O *gran finale* costuma ser acompanhado por uma gravação de Freddie Mercury e Montserrat Caballé da música *Barcelona*, enquanto a água vai do rosa ao verde e volta ao branco, antes de se desligar num silêncio gracioso *(p. 70)*. As Quatro Colunas atrás da fonte representam a bandeira da Catalunha e são um símbolo do movimento pela autonomia catalã.

4 Castell de Montjuïc

MAPA B6 ■ C/Castell ■ Aberto diariam

Situado no alto de Montjuïc, esse castelo já foi prisão e centro de tortura de presos políticos. Ao final da Guerra Civil Espanhola, 4 mil nacionalistas catalães e republicanos foram fuzilados na vizinha Fossar de la Pedrera, hoje um campo gramado rodeado de muros de pedra. Passada a tragédia, o castelo agora vive uma fase melhor: foi transformado num centro internacional pela paz. Os visitantes ainda podem subir nas sólidas defesas do castelo para apreciar a linda vista do porto.

Castell de Montjuïc

O pitoresco Teatre Grec

5 Teatre Grec

MAPA C4 ■ Pg Santa Madrona ■ Aberto para visitas 10h-anoitecer diariam ■ Grátis quando não há shows ■ www.lameva.barcelona.cat/grec/en

Esse belo anfiteatro *(p. 54)* foi inspirado pelas ideias clássicas do chamado *Noucentisme* – movimento arquitetônico catalão do final do século XIX que reagiu ao caráter excessivamente decorativo do *Modernisme*. Com o verde frondoso como cenário de fundo e os belos jardins, torna-se um lugar encantador para assistir ao *Lago dos Cisnes* ou ouvir uma boa banda de jazz. No verão, o teatro ao ar livre sedia os espetáculos do Grec Festival *(p. 73)*, além de também abrigar um luxuoso restaurante ao ar livre.

6 Estadi Olímpic

MAPA B5 ■ Av de l'Estadi 60 ■ Museu: aberto 10h-18h (até 20h abr-set) ter-sáb, 10h-14h30 dom; o estádio não abre para visitantes ■ Entrada paga ■ AD

O estádio foi construído para a Olimpíada dos Trabalhadores de 1936, cancelada com a eclosão da Guerra Civil Espanhola *(pp. 38-9)*. A fachada neoclássica original foi mantida, mas o estádio acabou remodelado para as Olimpíadas de 1992 *(p. 39)*. Perto fica o Museu Olímpic i de l'Esport, interativo, dedicado aos esportes.

7 Pavelló Mies van der Rohe

MAPA B4 ■ Av Francesc Ferrer i Guàrdia 7 ■ Aberto 10h-20h diariam ■ Entrada paga (grátis para menores de 16 anos)

Você pode se perguntar o que esse pavilhão quadrangular de pedra, mármore, ônix e vidro está fazendo bem no meio da arquitetura monumental de Montjuïc. Anos à frente do seu tempo, essa joia arquitetônica foi a contribuição alemã para a Exposição de 1929. Projeto de Ludwig Mies van der Rohe (1886-1969), esse pavilhão racionalista foi logo demolido, e reconstruído apenas em 1986. Dentro se vê a bela escultura *Morning*, de Georg Kolbe (1877-1947), refletida num pequeno lago.

8 Palau Sant Jordi

MAPA A4 ■ Pg Olímpic 5-7 ■ Aberto 10h-18h (até 20h mai-set) sáb-dom ■ AD

O maior destaque das instalações olímpicas é esse ginásio coberto multiuso de aço e vidro, projeto do arquiteto japonês Arata Isozaki. Tem lugar para 17 mil pessoas e é a sede do time de basquete da cidade. A esplanada – uma surreal floresta de concreto e pilares de metal – foi projetada por Aiko Isozaki, mulher de Arata. Perto dali estão as piscinas olímpicas do complexo Bernat Picornell: cobertas e ao ar livre, são abertas ao público.

Palau Sant Jordi

9 Poble Espanyol

MAPA A3 ■ Av Francesc Ferrer i Guàrdia ■ Aberto 9h-20h seg, 9h-24h ter-qui e dom, 9h-3h sex, 9h-16h sáb ■ Entrada paga

Esse *poble* (aldeia) é uma recriação em escala real de uma miscelânea de edifícios e ruas famosos de toda a Espanha. Embora um pouco cafona, transformou-se em centro de artes e artesanato, com uma oficina de sopradores de vidro, e é uma das mais concorridas atrações da cidade. Possui restaurantes e cafés, e tem ainda duas modernas casas noturnas *(p. 59)*.

Vielas tradicionais do Poble Espanyol

10 CaixaForum

MAPA B3 ■ Av Francesc Ferrer i Guàrdia 6-8 ■ Aberto 10h-20h diariam (até 23h qua em jul-ago) ■ Entrada paga para exposições temporárias ■ AD

O impressionante acervo de arte contemporânea da Fundació La Caixa fica alojado numa antiga fábrica de tecidos projetada em 1911 pelo arquiteto modernista catalão Puig i Cadafalch. Restaurada e inaugurada como galeria de arte em 2002, reúne 800 obras de artistas espanhóis e estrangeiros, exibidas em rodízio com mostras temporárias internacionais.

UM DIA EM MONTJUÏC

DE MANHÃ

Para chegar à **Fundació Joan Miró** *(pp. 28-9)* antes da multidão e com energia de sobra, pegue o funicular da estação de metrô Paral·lel. Ao descer, faça a curta caminhada até o museu, onde você vai precisar de uma hora e meia para absorver a impressionante coleção de pinturas, esboços e esculturas de Miró. Depois desse banho de arte contemporânea, tome um *cafè amb llet (p. 65)* no terraço do restaurante antes de voltar pela Av. de Miramar e pegar o bondinho até o **Castell de Montjuïc** *(p. 95)*. Passeie pelos jardins do castelo e aprecie a vista da cidade e o movimento do porto. Volte à Av. de Miramar de bondinho e siga as placas para chegar ao **Palau Nacional** *(p. 95)* – na região, você pode almoçar a típica comida catalã com um toque moderno no elegante **Oleum** *(p. 99)*.

DE TARDE

Depois do almoço, passe um tempo explorando a extraordinária coleção de arte românica do **MNAC** *(pp. 22-3)*. Ao sair, vire à direita e depois siga as placas até o Complexo Olímpico. Vale a pena visitar o **Estadi Olímpic**, mas o **Palau Sant Jordi**, com sua cúpula prateada, rouba a cena. Perto dali fica a piscina Bernat Picornell, descoberta, onde você pode passar a tarde se refrescando. No verão, às vezes, há projeção de filmes no local. Dali, você pode fazer uma caminhada curta até o **Poble Espanyol**, instalar-se num dos barzinhos com mesas ao ar livre da Plaza Mayor.

Veja mapa na p. 94

Parques e Jardins

1 Jardins Mossèn Costa i Llobera

MAPA C5

Estão entre os mais importantes jardins de cactos e suculentas da Europa. Ficam mais impressionantes quando o sol se põe e faz emergir formas e sombras surreais.

2 Jardí Botànic

MAPA A5 ■ Aberto out-mar: 10h-17h diariam; abr-set: 10h-19h diariam ■ Entrada paga (grátis 1º dom do mês e dom a partir das 15h) ■ museuciencies.cat

O Jardim Botânico de Barcelona fica entre os estádios usados para os Jogos Olímpicos de 1992. Datando de 1999, apresenta centenas de amostras da flora mediterrânea. Não perca o charmoso Jardí Botànic Històric, ao lado *(p. 71)*.

3 Jardins Mossèn Cinto Verdaguer

MAPA C5

A melhor época para visitar esses jardins maravilhosos é durante a primavera, quando as plantas florescem e as cores e os aromas \estão no auge.

4 Jardins del Castell

MAPA B5

Canhões entre as roseiras e caminhos junto aos muros de um fosso cheio de flores são os destaques desses jardins que rodeiam o castelo.

5 Jardins del Teatre Grec

MAPA C4

Lembrando os Jardins Suspensos da Babilônia, esse bonito oásis em volta do anfiteatro grego é conhecido como La Rosaleda.

6 Jardins de Miramar

MAPA C5

Em frente ao Miramar, têm escadas que levam até pequenos bosques, de onde se tem vistas encantadoras da cidade e da área do porto.

7 Jardins Laribal

MAPA B4

Esse parque em vários níveis esconde uma pequena casa modernista projetada pelo arquiteto Puig i Cadafalch e a Font del Gat – que inspirou muitas canções locais.

8 Jardins de Joan Maragall

MAPA B4 ■ Aberto 10h-15h sáb-dom

Uma avenida com esculturas de Frederic Marès e Ernest Maragall é o destaque desse parque, que tem o último exemplar da cidade da árvore *ginjoler*.

Estátua nos Jardins de Joan Maragall

9 Jardins de Joan Brossa

MAPA C5

Esse lindo jardim chega ao auge na primavera, mas é apreciado pelas crianças o ano todo, por causa dos instrumentos musicais, dos brinquedos e do teleférico.

10 El Mirador del Llobregat

MAPA A3 ■ AD

Um mirante com pequenos jardins próximos. É o único lugar da cidade de onde é possível ver as planícies do rio Llobregat.

Restaurantes, Cafés e Bares

1 Oleum

MAPA B4 ■ Palau Nacional ■ 93 289 06 79 ■ Fechado dom, ter, qua e qui à noite e seg ■ AD ■ €€

Saboreie a refinada cozinha mediterrânea desse restaurante requintado sob a cúpula do Palau Nacional – sede do Museu Nacional d'Art de Catalunya –, apreciando a vista da cidade.

2 Bar Seco

MAPA C5 ■ Pg Montjuïc 74 ■ 93 329 63 74 ■ Fechado dom-qua à noite ■ €

Um café simples que serve bolos, lanches e pratos mais substanciosos no almoço. Tem um terraço de verão e Wi-Fi grátis.

3 El Sortidor

MAPA C4 ■ Pl del Sortidor 5 ■ 63 634 26 11 ■ Fechado seg e ter à noite ■ €

Tem portas originais de vitral e piso de mosaico de 1908 e serve refeições refinadas, que combinam com o ambiente romântico.

4 La Tomaquera

MAPA C4 ■ C/Margarit 58 ■ Fechado dom jantar, seg, ago, semana da Páscoa ■ €

Restaurante clássico do bairro, serve ótima comida catalã com preço em conta. É o melhor lugar da cidade para comer escargots.

5 El Lliure

MAPA B4 ■ Pg Santa Madrona 40-46 ■ Aberto almoço seg-sex, jantar em noites de espetáculo ■ AD ■ €

O teatro Lliure tem um café de bom custo-benefício, com restaurante e terraço anexos. Perfeito para saborear uma refeição depois do espetáculo.

CATEGORIAS DE PREÇO

Refeição para uma pessoa com três pratos (ou equivalente) e meia garrafa de vinho, impostos e serviço.

€ até €35 €€ €35-50 €€€ acima de €50

Sushi no The Tatami Room

6 The Tatami Room

MAPA C4 ■ C/Poeta Cabanyes 19 ■ 93 329 67 40 ■ Fechado seg ■ €

Construído para lembrar uma pousada japonesa tradicional, esse restaurante serve uma variedade de especialidades japonesas bem preparadas, de sushis a curries e massas.

7 La Federica

MAPA D4 ■ C/de Salvà 3 ■ 93 600 59 01 ■ €

Esse bar descontraído e vintage abre 24 horas por dia e serve deliciosos brunchs, tapas criativas e saborosas e boa variedade de coquetéis.

8 Jon Mai

MAPA C4 ■ Pl del Sortidor 15 ■ 65 078 67 21 ■ Fechado seg ■ €

Despretensioso, mas com tapas e pratos catalães excelentes. O menu fixo do almoço é um achado.

9 Restaurant Forestier

MAPA C5 ■ Pl Carlos Ibáñez 3 ■ 93 281 16 00 ■ €€

Localizado no Hotel Miramar, elegante e com vistas maravilhosas.

10 Quimet & Quimet

MAPA C4 ■ C/ Poeta Cabanyes 25 ■ 93 442 31 42 ■ Fechado sáb à noite, dom, ago ■ €

Adega pequena (só dá para ficar em pé), mas com tapas deliciosas e ótimos vinhos.

Veja mapa na p. 94

TOP 10 A Orla

Monument a Colom

O sedutor mediterrâneo permeia o clima da cidade, e para mergulhar em suas águas azuis bastam poucas estações de metrô. As praias ficaram por um bom tempo ocultas atrás de áreas industriais, mas tudo mudou com as Olimpíadas de 1992: o plano era criar uma nova Barcelona *oberta al mar* (aberta ao mar). Toneladas de areia foram trazidas para criar quilômetros de praias desde Barceloneta até o Port Olímpic, e além. Plantaram-se palmeiras, as águas foram limpas e foram erguidas várias esculturas contemporâneas. O resultado ficou incrível. Perto de lá, o Port Olímpic pulsa com seus bares, clubes e restaurantes, enquanto uma área do Poblenou, batizada 22@Barcelona por uma prefeitura preocupada em atrair novos negócios de tecnologia e design, tem sido transformada na última década.

BEIRA-MAR

1 Museu d'Història de Catalunya

MAPA N6 ■ Pl Pau Vila 3 ■ Aberto 10h-19h ter-sáb (20h qua), 10h-14h30 dom ■ Entrada paga; grátis última ter do mês (out-jun) ■ AD ■ www.en.mhcat.cat

Instalado no Palau de Mar, um armazém de porto reformado, esse museu oferece uma visão ampla e interativa da história da Catalunha, desde os tempos pré-históricos. As crianças divertem-se muito com algumas das exposições, como a que mostra um bunker do tempo da Guerra Civil ou a recriação de um bar catalão da década de 1960, que tem até um antigo *futbolín* (pebolim).

2 Rambla del Mar

MAPA E5 ■ Moll d'Espanya ■ Maremagnum: lojas 10h-22h, restaurantes até 1h diariam ■ AD

Faça um passeio pela Rambla del Mar, um píer de madeira flutuante

O píer flutuante Rambla del Mar

que leva até o shopping Maremagnum. No primeiro fim de semana do mês abriga o Downtown Market (12h-21h), onde designers e artesãos de Barcelona vendem suas criações.

3 Praias

MAPA E6

Que tal um mergulho no Mediterrâneo? Desça até o final da Rambla, ande sob as palmeiras do Moll de la Fusta, siga pelo Passeig Joan de Borbó, repleto de restaurantes, e pronto: lá está o mar. Mais de 4km de praias limpas e seguras estendem-se ao norte da Barceloneta para além do Port Olímpic. Equipamentos públicos de primeira linha: chuveiros, cadeiras, quadras de vôlei de praia e salva-vidas. A praticidade atrai muita gente – por isso, no verão, achar um lugar no meio dos corpos besuntados de bronzeador pode ser um desafio.

4 L'Aquàrium de Barcelona

MAPA E6 ■ Moll d'Espanya ■ Aberto a partir das 10h diariam; horário de fechamento entre 19h30 e 21h30, dependendo do dia e mês ■ Entrada paga ■ AD ■ www.aquariumbcn.com/en

Fique cara a cara com o mundo marinho do Mediterrâneo no maior aquário da Europa. O destaque é um longo túnel subaquático de 80m, com uma passarela móvel que transporta os visitantes pelo azul profundo, enquanto tubarões deslizam ameaçadores, bem perto. Sucesso entre as crianças é o piso "Explora!", com mostras interativas que permitem conhecer os ecossistemas do Mediterrâneo *(p. 52)*.

Prédios antigos de Barceloneta

5 Barceloneta
MAPA F5

Com seu labirinto de ruas estreitas, pracinhas e bares antigos junto ao porto, o bairro tradicional de pescadores e marinheiros parece muito distante dos grandes shoppings e das luzes das casas noturnas do vizinho Port Olímpic. Um passeio por essa comunidade unida dá um vislumbre da Barcelona de 150 anos atrás. Casais de idosos ainda se sentam em cadeiras à porta de casa para fofocar e ver o mundo passar. Pequenos restaurantes de frutos do mar servem um *menú del dia* com o peixe mais fresco, recém-pescado. Pela extensão oeste da Barceloneta corre o Passeig Joan de Borbó, com muitos restaurantes de mariscos e paella.

6 Pailebot Santa Eulàlia
MAPA L6 ■ Moll de la Fusta ■ Aberto abr-out: 10h-20h30 ter-sáb; nov-mar: 10h- 17h30 ter-dom ■ Entrada paga

Flutuando nas águas no Moll de la Fusta (Cais da Madeira) está essa escuna de três mastros restaurada, batizada originalmente de *Carmen Flores*. Ela partiu da Espanha pela primeira vez em 1918. Nas viagens a Cuba, levava tecidos e sal e voltava com tabaco, café, cereais e madeira. Em 1997, o Museu Marítim *(p. 87)* comprou e restaurou o navio para torná-lo parte de um acervo de embarcações catalãs históricas.

7 Passeios de Barco e de Bondinho
MAPA E5/6 ■ Telefèric: a partir da Torre San Sebastià ■ Las Golondrinas: Portal de la Pau ■ Aproximadamente a cada 30 min a partir de 11h30 ■ www.lasgolondrinas.com ■ Orsom Catamaran: Portal de la Pau ■ Para horários ligue 93 441 05 37 ■ AD ■ www.barcelona-orsom.com

Veja a atividade do movimentado porto de Barcelona de outro ângulo, seja do ar ou do mar. Os bondinhos do *Transbordador Aeri* oferecem vistas panorâmicas da cidade e seu litoral, enquanto as *golondrinas* e o catamarã Orsom fazem passeios turísticos regulares pela área do porto e pelas praias.

8 Monument a Colom
MAPA E5

Essa coluna de 60 metros de altura foi erguida entre 1882 e 1888 para a Exposição Universal de Barcelona e comemora a primeira viagem de Cristóvão Colombo às Américas – foi em Barcelona que Colombo encontrou Fernando e Isabel ao regressar. O próprio Colombo fica no alto da coluna e aponta para o mar, supostamente em direção ao Novo Mundo, mas, de fato, para a Itália. Um elevador sobe até uma plataforma situada logo abaixo dos pés de Colombo,

oferecendo uma maravilhosa vista de 360° *(p. 16)*.

9 Poblenou e Palo Alto Design Complex

MAPA H5 ■ www.poblenouurbandistrict.com/en ■ www.paloaltobcn.org

O bairro de Poblenou, cada vez mais descolado, abriga um número crescente de cafés e lojas modernas, fábricas antigas e prédios industriais que estão sendo restaurados para novas atividades. Um deles abriga o BD Design, maior showroom de design da cidade. Já o conjunto Palo Alto acolhe estúdios de famosos designers. Funciona ali também um mercado de artesanato e design uma vez por mês.

10 Museu Blau

Pl Leonardo da Vinci 4-5, Parc del Fórum ■ 93 256 60 02 ■ Aberto out-fev: 10h-18h ter-sex (até 19h sáb, até 20h dom e feriados); mar-set: 10h-19h ter-sáb (até 20h dom e feriados) ■ Entrada paga; grátis último dom do mês, dom a partir das 15h ■ www.museuciencies.cat

O Museu Azul, núcleo principal do Museu de Ciències Naturals, ocupa um prédio triangular concebido por Herzog & de Meuron para o Fórum de Barcelona de 2004. É um ótimo lugar para a família, com atraente mistura de exposições contemporâneas e vitrines em estilo antigo, com animais empalhados. A principal exposição é a "Biografia da Terra", com apresentações interativas sobre as origens do mundo. Há um espaço onde as crianças de até 7 anos aprendem sobre ciência, uma livraria e um café.

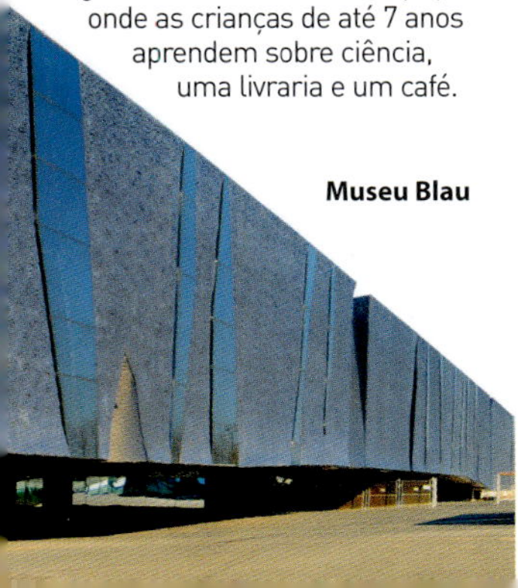

Museu Blau

EXPLORANDO O PORTO

DE MANHÃ

Comece seu *passeig* (passeio) pelo porto, com a visita ao **Museu Marítim** *(p. 87)*, onde você poderá confirmar o status de Barcelona como um dos portos mais ativos do Mediterrâneo. Dali, siga para o **Monument a Colom** e ande pelo Moll de la Fusta para admirar o **Pailebot Santa Eulàlia**, muito bem restaurado pelo museu. Siga pela **Rambla del Mar** *(p. 101)*, um píer flutuante que leva até o megashopping **Maremagnum**. No início do píer, faça um passeio no **Orsom Catamaran**, no qual você pode pedir um drinque e um petisco e apreciar a paisagem do porto, relaxando numa rede a poucos centímetros da água. De volta à terra, passeie pelo Moll d'Espanya e rume em direção ao tradicional bairro de pescadores da **Barceloneta**, com suas ruas estreitas e bares antigos. Para ter uma boa ideia do velho estilo de Barcelona, vá até o movimentado bar de tapas **El Vaso de Oro** (C/Balboa 6). Arrume um lugar por ali e saboreie uma deliciosa porção de frutos do mar.

DE TARDE

Siga pelo Passeig Joan de Borbó até a praia. Curta um pouco o mar e tire uma *siesta* ao sol da tarde. Reanime-se com uma sangria no *xiringuito* **Salamanca** (no final do Pg Joan de Borbó), onde você pode enfiar os pés na areia e olhar as ondas batendo na praia enquanto o sol vai mergulhando no horizonte.

Veja mapa nas pp. 100-1

Bares e Clubes de Praia

Agradáveis mesas ao ar livre no Boo

1 Boo

Espigó de Bac de Roda 1, Platja Nova Mar Bella ■ 93 225 01 00 ■ AD

Esse restaurante, bar de coquetéis e clube de praia oferece drinques, tapas, música ao vivo e DJs.

2 CDLC

MAPA G6 ■ Pg Marítim de la Barceloneta 32

Bem junto à praia, com uma varanda para relaxar, o CDLC é um restaurante que vira balada após o jantar. Tem DJs convidados toda semana.

3 Bar Jai Ca

MAPA F5 ■ C/Ginebra 13 ■ 93 268 32 65 ■ Fechado seg

A TV é barulhenta e as crianças correm entre as mesas, mas o lugar é um destaque desse bairro tranquilo. Tapas deliciosas e bons vinhos.

4 Club Catwalk

MAPA G6 ■ Ramón Trías Fargas 2-4 ■ AD ■ Entrada paga ■ clubcatwalk.net

Um dos clubes mais descolados da cidade, com um andar para relaxar e outro para dançar ao som techno, deep house ou pop, e bar no terraço.

5 Shôko

MAPA E6 ■ Pg Marítim de la Barceloneta 36

Restaurante japonês durante o dia, esse clube junto à praia toca todo tipo de música, num cenário magnífico. Pode ficar lotado.

6 La Guingueta de l'Escriba

Av Litoral 62, Platja de Bogatell ■ 63 390 93 37

Esse bar instalado na areia serve café da manhã, tapas, refeições leves e ótimos coquetéis de frutas frescas e bebidas de ótima qualidade, feitos por exímios bartenders.

7 Quiosques Mar Bella

Platja Nova Mar Bella ■ Aberto somente no verão

Vá até um dos *xiringuitos* (quiosques) da praia mais chique de Barcelona para ouvir o som dos DJs.

8 Eclipse

MAPA F6 ■ W Hotel, Pl de la Rosa dels Vents 1 ■ 93 295 28 00

Esse bar espetacular, no 26º andar do W Hotel (Hotel Vela), tem as melhores vistas da cidade. Traje: elegante.

Opulento clube Arola

9 Arola

MAPA G5 ■ Hotel Arts, C/Marina 19-21 ■ Aberto qui-seg ■ 93 483 80 90

Com um bar luxuoso à beira da piscina (só no verão) e situado no Hotel Arts, o Arola tem imensas camas brancas cobertas com almofadas de seda, DJs e coquetéis perfeitos.

10 Razzmatazz

MAPA H4 ■ C/Almogàvers 122 (The Loft: C/Pamplona 88) ■ Razz Club e Loft fechado dom-ter

Shows – de rock a jazz – várias noites por semana. É uma balada da moda, com cinco espaços diferentes, cada um com seu estilo musical, como o Razz Club e o Loft *(p. 59)*.

Restaurantes e Bares de Tapas

CATEGORIAS DE PREÇO
Refeição para uma pessoa com três pratos (ou equivalente) e meia garrafa de vinho, impostos e serviço.

€ até €35 €€ €35-50 €€€ acima de €50

1 Set Portes

MAPA N5 ■ Pg Isabel II 14 ■ 93 319 30 33 ■ AD ■ €€

Fundado em 1836, esse bar lendário serve uma das melhores comidas catalãs da cidade, incluindo uma variedade de paellas.

2 Segons Mercat

MAPAS F5 e Q6 ■ C/Balboa 16 ■ 93 310 78 80 ■ Aberto diariam 13h-16h30 e 18h-23h30, o dia inteiro no verão ■ €

Experimente as saborosas tapas de polvo grelhado ou *patates braves* nesse lugar moderno e estiloso, que serve também pratos mais fartos, de arroz e frutos do mar.

3 Can Manel la Puda

MAPA F6 ■ Pg Joan de Borbó 60-61 ■ 93 221 50 13 ■ Fechado seg ■ AD ■ €

Restaurante mais antigo da área. Serve cozinha catalã. Peça os pratos com o pescado do dia.

4 Somorrostro

MAPA F6 ■ C/Sant Carles 11 ■ 93 225 00 10 ■ Aberto 13h-24h diariam ■ €

Chique, com cardápio catalão que muda todo dia e ingredientes frescos. Ambiente e decoração acolhedores.

5 La Bombeta

MAPA F6 ■ C/Maquinista 33 ■ 93 319 94 45 ■ Fechado qua ■ €

Bar catalão tradicional, muito procurado pelos moradores, oferece um maravilhoso vislumbre de como era Barcelona antes da chegada dos turistas. A especialidade são as *bombas*, bolinhos fritos de batata servidos com molho de tomate apimentado.

6 Salamanca

MAPA F6 ■ C/Almirall Cervera 34 ■ 93 221 50 33 ■ €€

Pode parecer uma armadilha para turistas, mas a comida é de alto nível. Serve vários pratos com carne.

7 Can Ganassa

MAPA F6 ■ Pl de la Barceloneta 4-6 ■ 93 221 75 86 ■ €

Bar de tapas à moda antiga, dirigido por uma família, é famoso pelas tapas de frutos do mar frescos.

8 Kaiku

MAPA E6 ■ Pl del Mar 1 ■ 93 221 90 82 ■ Fechado dom à noite no inverno e seg ■ €€

Decorado com redes de pesca, é famoso pelos frutos do mar, como o *arros del xef* (arroz do chef).

9 Suquet de l'Almirall

MAPA F6 ■ Pg Joan de Borbó 65 ■ 93 221 62 33 ■ Fechado dom à noite, seg (exceto à noite abr-set), almoço em ago ■ AD ■ €€

Esse restaurante familiar serve um excelente *arroz de barca* (arroz úmido, com frutos do mar) e *suquet* (frutos do mar com cozido de batata).

10 La Mar Salada

MAPA E6 ■ Pg de Joan de Borbó 58 ■ 93 221 21 27 ■ Fechado ter ■ €€

Restaurante light perto do mar. Serve comida moderna com ênfase em frutos do mar, como tamboril com cogumelo e alcachofra, além de paella. O menu fixo do almoço nos dias de semana é excelente.

***Tàrtar de sorell* no La Mar Salada**

Veja mapa nas pp. 100-1

TOP 10 Eixample

Telhado, La Pedrera

Se o centro histórico é o coração de Barcelona, e os verdes Tibidabo e Montjuïc seus pulmões, o Eixample é o sistema nervoso da cidade – seu núcleo econômico e comercial. A área tomou forma em 1860, quando Barcelona teve permissão de se expandir para além dos muros medievais. Baseado nas plantas do engenheiro catalão Ildefons Cerdà, o bairro é organizado em forma de grade. A construção continuou no século XX, numa época em que a elite patrocinava os arquitetos mais ousados. O *Modernisme* florescia, e essa área virou o foco da arquitetura modernista local, com fachadas e sacadas elegantes. Hoje, Eixample atrai admiradores com seus cafés charmosos, lojas de design, restaurantes finos e bares da moda.

EIXAMPLE

1 Sagrada Família

A criatividade de Gaudí culminou nessa igreja encantadora e incomum, que se destaca na paisagem da cidade *(pp. 12-5)*.

2 La Pedrera

Uma fantasia ousada e surreal – é a mais notável obra civil de Gaudí *(pp. 26-7)*.

3 Sant Pau Recinte Modernista

MAPA H1 ■ C/Sant Antoni Maria Claret 167 ■ 93 553 78 11 ■ Aberto abr-out: 10h-18h30 seg-sáb (até 16h30 nov-mar), 10h-14h30 dom ■ Entrada paga; visitas guiadas em inglês 10h30 seg-sex, 12h e 13h diariam ■ www.santpaubarcelona.org

Fundado em 1401, o Hospital de la Santa Creu i de Sant Pau funcionou até 2009, quando todas as atividades médicas foram transferidas para um novo prédio e esse Patrimônio Mun-

Sant Pau Recinte Modernista

dial da Unesco foi restaurado e aberto ao público *(pp. 44–5)*. A área art nouveau, criada por Domènech i Montaner entre 1902 e 1930, é um tributo ao Modernismo – e a resposta de Domènech à Sagrada Família de Gaudí. São oito pavilhões – que remetem à história da Catalunha e usam murais, mosaicos e esculturas –, além de outros prédios, todos ligados por túneis subterrâneos. São entremeados por lindos jardins e pátios, abertos aos visitantes. O espaço integra a Ruta del Modernisme *(p. 140)*.

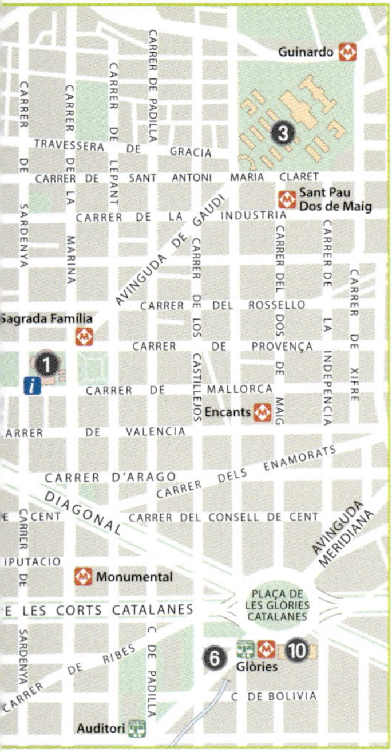

4 Mansana de la Discòrdia

MAPA E2 ■ Pg de Gràcia 35-45

No centro do *Quadrat d'Or* (Quadrado de Ouro) da cidade fica esse notável conjunto de casas. O "quarteirão da discórdia" tem esse nome pelo radical contraste entre seus três prédios famosos. Erguidos entre 1900 e 1907 por três grandes arquitetos modernistas rivais - Gaudí, Domènech i Montaner e Puig i Cadafalch –, foram encomendados por famílias burguesas que também competiam entre si. Domènech fez a Casa Lleó Morera *(p. 45)*; Puig, a Casa Amatller *(p. 45)*, de inspiração gótica, que permite visitação pública ao estúdio do último andar e à área de exposições; e Gaudí, a extravagante Casa Batlló *(p. 45)*. Todas são exuberantes e podem ser visitadas. As casas dos nºs 37 e 39 ajudam a realçar o esplendor do quarteirão. O Museu do Perfume fica no nº 39 *(p. 43)*.

ILDEFONS CERDÀ

O projeto de Ildefons Cerdà para a nova cidade, baseado numa grade uniforme de quarteirões quadrados, ganhou apoio em 1859. Refletindo os ideais socialistas utópicos de Cerdà, cada bloco devia ter um pátio ajardinado, rodeado por apartamentos idênticos. A especulação imobiliária logo interferiu, e os pátios foram convertidos em armazéns e fábricas. Hoje esses espaços verdes vêm sendo reintroduzidos, aos poucos.

***Nuvem e cadeira*, Fundació Tàpies**

5 Fundació Tàpies

MAPA E2 ▪ C/Aragó 255 ▪ 93 487 03 15 ▪ Aberto 10h-19h ter-dom ▪ Entrada paga (grátis menores de 16 anos) ▪ AD ▪ www.fundaciotapies.org

Pinturas e esculturas de Antoni Tàpies (1923-2012), um dos maiores artistas da Catalunha, estão reunidas nesse edifício do início do *Modernisme* *(p. 32)*. Para adivinhar o que o aguarda porta adentro, repare na fachada do museu: ela ostenta uma escultura de arame do artista, *Nuvem e cadeira* (1990). O acervo de mais de 300 peças cobre toda a obra de Tàpies, incluindo trabalhos abstratos como *Ocre cinza sobre marrom* (1962). Também há exposições temporárias de artistas como Mario Herz, Hans Hacke e Craigie Horsfield.

O mercado Els Encants

6 Els Encants

MAPA H3 ▪ Av Meridiana 69 ▪ 92 246 30 30 ▪ Aberto 9h-20h seg, qua, sex, sáb ▪ www.encantsbcn.com

Por quase cem anos, o mercado Els Encants foi um emaranhado caótico de bancas de rua. Desde 2014 está de casa nova, e hoje as bancas estão organizadas em leve espiral ascendente sob uma cobertura espelhada e angular para proteger do sol. Além de antiguidades, bricabraques e quinquilharias, encontram-se tecidos, objetos para casa, discos e roupas vintage *(p. 68)*.

7 Casa Terrades – "Casa de les Punxes"

MAPA F2 ▪ Av Diagonal 416 ▪ Visitas guiadas 9h-20h diariam ▪ Entrada paga ▪ www.casadelespunxes.com

Esse castelo de estilo gótico com quatro torres foi projetado pelo arquiteto modernista Josep Puig i Cadafalch e finalizado em 1905 pelas irmãs Terrades. Sempre foi uma residência privada. De fora, não deixe de contemplar o trabalho do ferro forjado das sacadas, os relevos esculpidos e os lindos vitrais das janelas. Os painéis de cerâmica da fachada representam os símbolos patrióticos da Catalunha.

8 Rambla de Catalunya
MAPA E2

Essa é uma versão chique da outra Rambla mais famosa. Com árvores que formam um frondoso túnel verde no verão, ela ostenta inúmeras fachadas bonitas e lojas como a Farmàcia Bolos (nº 77). Exclusiva para pedestres, a via tem muitos bares e cafés com mesas na calçada, ideais para observar o movimento das pessoas *(p. 66-7)*.

9 Museu Egipci
MAPA E2 ■ C/València 284 ■ 93 488 01 88 ■ Aberto 10h-20h seg-sáb (fechado 14h-16h jan-meados jun e início set-nov), 10h-14h dom ■ Entrada paga ■ www.museuegipci.com

O mais importante museu de egiptologia do país tem mais de 350 peças que cobrem 3 mil anos de história. Entre as peças há estatuetas de terracota, múmias humanas e animais e um busto da deusa-leoa Sekhmet (700-300 a.C.).

10 Museu del Disseny de Barcelona
MAPA H3 ■ Pl de la Glòries Catalanes 37-38 ■ 93 256 68 00 ■ Aberto 10h-20h ter-dom ■ ajuntament.barcelona.cat/dissenyhub/en

Um casco monolítico abriga esse museu dedicado à arquitetura, à moda e ao design gráfico e de produtos. Abriga também duas associações independentes e sem fins lucrativos que promovem o design e a arquitetura, Foment de les Arts del Disseny (FAD) *(p. 87)* e Barcelona Centre de Disseny (BCD).

Museu del Disseny

A ROTA MODERNISTA

DE MANHÃ

Visite o **Museu del Modernisme de Barcelona** (C/Balmes 48, Tel.: 93 272 28 96, www.mmcat.cat) para uma introdução ao art nouveau catalão por meio de ótimas exposições temporárias, e depois passeie pelos jardins da universidade. Siga a leste pela Gran Via, passe pelo elegante El Palace Barcelona Hotel *(p. 143)* e entre à direita no C/Bruc e novamente à direta no C/ Casp para dar uma olhada na **Casa Calvet** *(p. 113)*, de Gaudí, no C/Casp. Ande duas quadras a oeste até o majestoso Pg de Gràcia. Vire à direita de novo e ande três quadras até a **Mansana de la Discòrdia** *(p. 107)* para explorar a Casa Lleó Morera, a Casa Amatller ou a Casa Batlló – ou as três se você tiver tempo e energia. Sinta os aromas do **Museu del Perfum** *(p. 43)* e da loja de perfumes **Regia** *(p. 110)* antes de continuar ao norte para se maravilhar com **La Pedrera** *(pp. 26-7)*, outra obra de Gaudí. Pare para o almoço no **Windsor** *(p. 113)*, com menu fixo de *haute cuisine* catalã.

DE TARDE

Depois do almoço, volte ao Pg de Gràcia sentido norte e vire à direita na Av Diagonal, para curtir a atmosfera de conto de fada da **Casa de les Punxes** *(p. 45)*, no nº 416. Continue pela Diagonal e vire à esquerda no Pg Sant Joan para ver a exposição modernista no **Palau Macaya**, no nº 108. Siga então pelo C/Mallorca até a **Sagrada Família** *(pp. 12-5)*. Aprecie a Fachada da Natividade e descanse na Plaça de Gaudí, antes de subir as torres para admirar a magnífica vista da cidade.

Veja mapa nas pp. 106-7

Lojas de Design

Deslumbrantes produtos da Pilma

1 Pilma

MAPA E1 ■ Av Diagonal 403

Loja de design sensacional, vende mobília de qualidade e objetos de decoração de grife, além das últimas criações dos melhores designers catalães.

2 L'Appartement

MAPA E2 ■ C/Enric Granados 44 ■ Fechado dom

Uma loja espaçosa, pintada de branco, repleta de móveis e adereços incríveis e itens de decoração a preços razoáveis: de esculturas e luminárias curiosas a mochilas, joias e camisetas.

3 Regia

MAPA E2 ■ Pg de Gràcia 39

A maior perfumaria da cidade: tem mais de mil fragrâncias, das principais marcas e de pequenos produtores. Abriga também o Museu del Perfum *(p. 43)*.

4 Dos i Una

MAPA E2 ■ C/Roselló 275

Uma loja de presentes de design, com piso de aço e cores psicodélicas. Vende itens "made in Barcelona" que podem se tornar suvenires inusitados.

5 Ultima Parada

MAPA E2 ■ C/Roselló 271 ■ Fechado dom

Essa loja retrô, dirigida pelos fotógrafos Bela Adler e Salvador Fresneda, recicla objetos e móveis industriais dos anos 1950, 1970 e 1980.

6 Biosca & Botey

MAPA E2 ■ Av Diagonal 458

Loja excepcionalmente elegante, vende todo tipo de luminária, de "cogumelos" art nouveau a abajures ultramodernos de aço.

7 Magnolia Antic

MAPA E2 ■ C/Provença 290 ■ Fechado dom

O lema é "Uma ode à beleza e ao tempo que passa". Objetos de decoração, chapéus, roupas finas e acessórios nessa loja única.

8 DBarcelona

MAPA F2 ■ Av Diagonal 367

Uma eclética seleção de itens e presentes, numa loja que também serve de espaço expositivo para novos designers e artistas bem estabelecidos.

9 Jaime Beriestain

MAPA E2 ■ C/Pau Claris 167 ■ 93 515 07 79

A consagrada loja conceito do designer chileno propõe ótimos objetos de casa – luminárias, utensílios de cozinha, louças, decoração e móveis – e produtos gourmets, livros, cartões e adornos. Tem estiloso café-restaurante aberto a semana toda até tarde.

Utensílios para cozinha de Jaime Beriestain

10 Bagués Joieria

MAPA E2 ■ Pg de Gràcia 41 ■ Fechado dom

Cada artigo à venda nessa joalheria renomada (inaugurada em 1839) é feito à mão segundo métodos tradicionais.

Bares e Casas Noturnas

1 Milano

MAPA E3 ■ Ronda Universitat 35 ■ Aberto 12h-2h30 diariam

Sofás de veludo vermelho e coquetéis muito bem-feitos fazem do Milano uma ótima opção para o fim de noite, com apresentações de jazz ao vivo ocasionalmente *(p. 59)*.

2 Xixbar

MAPA C4 ■ C/Rocafort 19

Um bar pequeno com grande reputação. O gim-tônica, feito com a grande variedade de gins vendidos na loja ao lado, é considerado um dos melhores da cidade.

3 Les Gens que J'Aime

MAPA E2 ■ C/Valencia 286 ■ Aberto 18h-2h30 diariam (até 3h nos fins de semana)

Lugar ideal para um drinque com música suave, depois de explorar o Passeig de Gràcia e a Rambla Catalunya.

4 Omm Club

MAPA E2 ■ C/Rosselló 265 ■ Aberto sex e sáb

Um dos endereços mais em alta da cidade, atrai um pessoal jovem e descolado.

5 Bar Marfil

MAPA E2 ■ Rambla de Catalunya 104

Bar moderno, parte do Hotel Murmuri, fica numa rua chique de compras. Acomode-se numa poltrona confortável e saboreie os deliciosos drinques.

6 Luz de Gas

MAPA D1 ■ C/Muntaner 246 ■ AD

Um lugar clássico para beber no fim da noite, é metade sala de shows, metade bar. Tem música ao vivo todas as noites: blues, jazz e soul.

7 Ideal

MAPA D2 ■ C/Aribau 89 ■ Fechado dom

Salão de coquetéis luxuoso, criado pelo lendário barman José María Gotarda em 1931 e hoje comandado por seu filho. Mais de 80 tipos de uísque.

8 City Hall

MAPA E3 ■ Rambla de Catalunya 2-4 ■ Fechado seg

Clube popular, com duas pistas de dança. Toca vários estilos de música, de drum'n'bass a electro pop.

9 Museum

MAPA D3 ■ C/Sepúlveda 178 ■ Aberto 22h-3h30; fechado dom e 3 semanas em fev

Um dos melhores bares gay da cidade. A decoração estilo falso barroco é compensada por telões.

10 Dry Martini

MAPA D2 ■ C/Aribau 162

Local clássico e elegante, onde barmen extremamente profissionais preparam seu coquetel favorito. Ao fundo, um suave som de jazz.

Bar do Dry Martini

Cafés

Café da Galeria Cosmo, decorado com obras de arte

1 Laie Llibreria Cafè

MAPA E3 ■ C/Pau Claris 85 ■ Fechado dom

Ponto de encontro cultural, com ambiente alegre, terraço arejado e uma das melhores livrarias da cidade. E ainda serve um almoço excelente *(p. 64)*.

2 Cafè del Centre

MAPA F3 ■ C/Girona 69 ■ Fechado dom

Tido como o café mais antigo do Eixample: com interior em madeira escura, é o mesmo há um século. Lugar simples para um café tranquilo.

3 Casa Alfonso

MAPA F3 ■ C/Roger de Llúria 6 ■ Fechado dom

Café chique, em operação desde 1929. Talvez o melhor *jamón serrano* da cidade.

4 Cacao Sampaka

MAPA E3 ■ C/Consell de Cent 292 ■ Fechado dom

Chocolates de todos os tipos, com algumas combinações inusitadas, como na versão com parmesão e azeite de oliva.

5 Pastelerias Mauri

MAPA E2 ■ Rambla Catalunya 102 ■ Fechado dom a partir das 15h

Uma das melhores confeitarias da cidade. Tome uma bebida quente com uma sobremesa refinada, num ambiente em estilo modernista.

6 Galeria Cosmo

MAPA E2 ■ C/Enric Granados 3 ■ Aberto 10h-22h seg e ter, 10h-23h qua e qui, 10h-24h sex e sáb, 11h-22h dom

Esse café e galeria de arte em rua de pedestres oferece sanduíches, bolos e tapas.

7 Cornelia & Co.

MAPA E2 ■ C/Valencia 225

Perto do Passeig de Gràcia. Excelente opção para brunch, café, bolos ou refeições leves. Aproveite e leve algumas delícias.

8 Velódromo

MAPA D1 ■ C/Muntaner 213 ■ 93 430 60 22

Esse bar histórico, com móveis originais da década de 1930, foi reaberto por uma celebridade local, o chef Charles Abellan. No cardápio, versões sofisticadas de clássicos catalães.

9 Mantequería Ravell

MAPA F2 ■ C/Aragó 313 ■ Fechado seg

Mercearia fina, serve cafés da manhã incríveis (incluindo ovos com foie gras) numa grande mesa comunitária. Também tem vinhos, frios e queijos tradicionais.

10 Joséphine

MAPA E2 ■ C/Pau Claris 147

Petiscos são servidos de dia nesse café colonial francês. Tem cardápio noturno.

Restaurantes e Bares de Tapas

CATEGORIAS DE PREÇO
Refeição para uma pessoa com três pratos (ou equivalente) e meia garrafa de vinho, impostos e serviço.

€ até €35 €€ €35-50 €€€ acima de €50

1 Monvinic

MAPA E3 ■ C/Diputació 249 ■ 93 272 61 87 ■ Fechado dom, seg e almoço sáb ■ €€

Bar de vinhos supermoderno com uma variedade global de rótulos, além de tapas excelentes e comida substanciosa.

2 Cinc Sentits

MAPA D2 ■ C/Aribau 58 ■ 93 323 94 90 ■ Fechado dom e seg ■ €€€

Satisfaça seus cinco sentidos (*cinc sentits*, em catalão) nesse restaurante elegante. Suas interpretações modernas de clássicos catalães renderam uma estrela no Michelin *(p. 63)*.

3 Igueldo

MAPA E2 ■ C/Rosselló 186 ■ 93 452 25 55 ■ Fechado dom ■ AD ■ €€

Cozinha basca moderna em ambiente elegante. Tem bufê de tapas *(p. 62)*.

4 Casa Calvet

MAPA F3 ■ C/Casp 48 ■ 93 412 40 12 ■ Fechado dom e feriados ■ AD ■ €€

Comida catalã com um toque moderno, degustada em salões projetados por Gaudí.

5 Roca Moo

MAPA E2 ■ C/Rosselló 265 ■ 93 445 40 00 ■ Fechado dom, seg, 2 sem em jan, 2 sem em ago ■ AD ■ €€€

Dirigido pelos irmãos Roca, o Moo, no Hotel Omm *(pp. 142–3)*, serve culinária catalã criativa e ostenta uma estrela do Michelin. Reserve.

6 Cervecería Catalana

MAPA E2 ■ C/Mallorca 236 ■ 93 216 03 68 ■ AD ■ €

Perto da Rambla de Catalunya, faz algumas das melhores tapas da cidade. Boa variedade de cervejas.

7 Windsor

MAPA E1 ■ C/Còrsega 286 ■ 93 237 75 88 ■ Fechado 3 sem em ago ■ AD ■ €€€

Haute cuisine catalã servida em ambiente elegante, com lustres e mobília vermelha. Tem jardim para refeições ao ar livre *(p. 62)*.

8 La Taverna del Clínic

MAPA D2 ■ C/Rosselló 155 ■ 93 410 42 21 ■ Fechado dom ■ €

O cardápio desse bar despretensioso tem velhos clássicos e excelentes tapas contemporâneas *(p. 62)*.

9 Paco Meralgo

MAPA D1 ■ C/Muntaner 171 ■ 93 430 90 27 ■ AD ■ €

Bar de tapas moderno, com cardápio gourmet baseado em receitas reunidas por todo o país.

10 Moments

MAPA E3 ■ Pg de Gràcia 38-40 ■ 93 151 87 81 ■ Fechado dom e seg ■ €€€

Instalado no superluxuoso hotel Mandarin Oriental *(p. 145)*, o Moments recebeu uma estrela do Michelin por suas sublimes versões contemporâneas de receitas catalãs, de tartare de lagostim a vieiras com alcachofras. Oferece menu degustação ou à la carte.

Moments, no Mandarin Oriental

Veja mapa nas pp. 106-7

TOP 10 Gràcia, Tibidabo e Zona Alta

A montanhosa zona alta abrange vários bairros, dos nobres Pedralbes e Tibidabo ao boêmio Gràcia. A região oferece belas vistas e atrações especiais, mas o destaque são seus quinze parques: os melhores são o Parc Güell, de Gaudí, e o imenso Collserola, que se estende como um manto verde sobre a montanha do Tibidabo. A cosmopolita Gràcia, com forte tradição política e comunidade cigana, atrai artistas e escritores ao seu labirinto de ruas e praças que hoje abrigam animados bares e lojas.

Torre de Collserola

GRÀCIA, TIBIDABO E ZONA ALTA

Páginas anteriores Fachada surrealista do Teatre-Museu Dalí, Figueres

① Monestir de Pedralbes

MAPA A1 ■ C/Baixada del Monestir 9 ■ Aberto abr-set: 10h-17h ter-sex (até 19h sáb, 20h dom); out-mar: 10h-14h ter-sex (até 17h sáb e dom) ■ Entrada paga; grátis 1º dom do mês, dom 15h-20h) ■ AD ■ monestirpedralbes.bcn.cat

O nome da atração vem do latim *petras albas*, que significa "pedras brancas". Esse mosteiro gótico *(p. 40)* de beleza impressionante foi fundado pela rainha Elisenda de Montcada de Piños em 1327 com apoio de seu marido, Jaime II de Aragão. O túmulo dela, de alabastro, fica na parede que divide a igreja do notável claustro gótico de três andares. Pode-se ter um interessante vislumbre da vida medieval ao visitar as cozinhas ainda equipadas, celas, enfermaria e refeitório, todos muito bem preservados.

Monestir de Pedralbes

② Parc d'Atraccions del Tibidabo

MAPA B1 ■ Pl de Tibidabo ■ Horários variam, veja no site ■ Entrada paga ■ AD ■ www.tibidabo.cat

Suba de funicular ao topo da montanha do Tibidabo (517m) para visitar seu tradicional parque de diversões, inaugurado em 1908 *(p. 52)*. O que mais seduz são as antigas atrações, como o bem preservado carrossel e a roda-gigante, mas também há espaço para brinquedos que propiciam emoções mais radicais. Há também o Museu dels Autòmates *(p. 43)*, com autômatos, maquetes mecânicas e uma reprodução em escala do parque.

③ Torre de Collserola

MAPA B1 ■ Parc de Collserola ■ Horários variam, veja no site ■ Entrada paga ■ AD ■ www.torredecollserola.com

Essa esguia torre de comunicações foi projetada pelo arquiteto britânico sir Norman Foster. A estrutura superior em forma de agulha apoia-se num pilar de concreto sustentado por doze cabos de aço. Pode-se chegar ao topo, 288m acima do mar, por meio de um elevador panorâmico. Num dia claro, é possível ver Montserrat e até os Pireneus.

Camp Nou, sede do FC Barcelona

4 Camp Nou Experience

MAPA A2 ■ Entrada 9 do estádio, Av Arístides Maillol ■ Horários variam, veja no site; recomenda-se reservar com antecedência ■ Entrada paga ■ AD ■ www.fcbarcelona.com/camp-nou

O Museu del FC Barcelona *(p. 42)*, o mais visitado da cidade, é uma atração especial para os fãs do futebol. As peças do acervo contam toda a história do clube. Também ficam expostas aqui doações de alguns dos artistas mais destacados da Catalunha. O ingresso do museu inclui visita ao Camp Nou, estádio do Barça para 120 mil pessoas, um monumento à paixão da cidade pelo clube.

5 CosmoCaixa Museu de la Ciència

MAPA B1 ■ C/Isaac Newton 26 ■ 93 212 60 50 ■ Aberto 10h-20h ter-dom (verão e Natal: também seg) ■ Entrada paga (grátis para menores de 16 anos) ■ AD

Estimulante e interativo, esse museu ocupa um prédio de aço e vidro em que seis dos nove pisos são subterrâneos. Está em exibição uma ampla gama de objetos históricos e de espécies de flora e fauna. Uma das áreas mais importantes é a reconstituição de um trecho inundado da floresta Amazônica, com peixes, répteis, mamíferos, aves e plantas. Um passeio pela história geológica da Terra explica processos como a erosão e a sedimentação do solo. Também há inovadoras mostras temporárias sobre questões ambientais *(p. 43)*.

GRÀCIA

Até o final do século XIX, Gràcia era uma cidade orgulhosamente autônoma. Apesar dos protestos de seus moradores, virou parte de Barcelona em 1898. Apegada ao ideal separatista, sempre fervilhou de atividade política. Hoje, o bairro abriga um crescente número de artesãos em suas pequenas casas. Não perca a festa anual do *barri (p. 72)*, realizada na segunda semana de agosto.

6 Parc Güell

Patrimônio da Humanidade pela Unesco, essa inebriante mostra de talento arquitetônico *(pp. 22-3)* tem mosaicos em *trencadís*, pavilhões idílicos, arcos góticos e as colunatas da Sala Hipóstila (originalmente uma área de mercado). Bem ao estilo Gaudí, o lúdico e o simbólico estão em cada detalhe. A Casa-Museu Gaudí, onde o arquiteto morou por 20 anos, conta sua vida.

7 Parc del Laberint d'Horta

MAPA C1 ■ C/German Desvalls ■ Aberto 10h-anoitecer diariam ■ Entrada paga; grátis qua, dom e mar-meados ago

Em 1802, o Marquès d'Alfarràs deu uma imensa festa nesses magníficos jardins neoclássicos para celebrar a visita de Carlos IV. Obra do arquiteto italiano Domenico Bagutti, o parque tem pavilhões, lago, cachoeira, canais e um labirinto de ciprestes.

8 Parc de Collserola

MAPA B1 ■ Informações: C/Església 92 ■ 93 280 35 52 ■ www.parcnaturalcollserola.cat

Situado depois dos picos do Tibidabo, esse parque natural de 65km² de floresta e caminhos sinuosos é um oásis de tranquilidade. Ótimo para andar a pé ou de bicicleta, tem trilhas sinalizadas.

9 Tramvia Blau

MAPA B1 ■ Av Tibidabo ■ Bondes circulam: Páscoa, meados jun-meados set: 10h-19h30 diariam; resto do ano: 10h-19h30 sáb e dom (até 18h fim out-meados-mar) ■ Entrada paga

Os bondes azuis da cidade, com seus charmosos interiores antigos de madeira, são uma atração. O trajeto, da estação FGC até a Plaça Doctor Andreu, passa por mansões modernistas até chegar ao alto da Avinguda Tibidabo.

10 Temple Expiatori del Sagrat Cor

Visível de praticamente qualquer ponto da cidade, o neogótico Templo Expiatório do Sagrado Coração *(p. 40)* foi erguido por Enric Sagnier de 1902 a 1911. Tem uma bela escultura de Jesus no topo da estrutura e porta com ornamentação elaborada. Suba de elevador até a torre principal, ou vá até o terraço externo e aprecie a vista.

Temple Expiatori del Sagrat Cor

EXPLORANDO AS ALTURAS

DE MANHÃ

O Bus Turístic *(p. 140)* é o meio mais fácil de se locomover pela grande área norte da cidade – além disso, a passagem dá desconto no ingresso das principais atrações do trajeto. Comece na Plaça de Catalunya (compre a passagem a bordo). Sente-se no andar superior para ter uma boa visão da paisagem modernista ao longo do Pg de Gràcia. Faça sua primeira parada no excêntrico **Parc Güell**: passe a manhã vagando por esse parque surreal de Gaudí. De volta ao ônibus, continue no sentido norte até a ponta sul da Av Tibidabo. Suba cerca de 500m pela avenida: é hora de almoçar com tranquilidade nos jardins do palaciano **El Asador d'Aranda** *(p. 123)*.

DE TARDE

Depois de saborear a ótima cozinha castelhana, suba a Av Tibidabo até a Plaça Doctor Andreu, onde você pode embarcar no funicular que sobe a montanha até a Plaça de Tibidabo. Visite o **Parc d'Atraccions** *(p. 117)* para se divertir nos carrinhos de bate-bate ou na roda-gigante. Depois, vá até a famosa **Torre de Collserola** *(p. 117)*, cujo elevador panorâmico leva até uma plataforma de observação com vistas espetaculares. Volte à Pl Doctor Andreu de funicular e tome um *granissat (p. 65)* num dos bares com mesas ao ar livre. Depois, desça a Av Tibidabo no charmoso **Tramvia Blau**. Pegue o Bus Turístic de volta ao centro da cidade.

Veja mapa nas pp. 116-17

Butiques de Gràcia

Moda contemporânea na Boo

1 Boo
C/Bonavista 2

Esse espaço elegantemente decorado propõe roupas e acessórios contemporâneos com leve toque vintage para mulheres e homens. Há marcas internacionais como Saint James, Norse Projects e lindas camisetas da Tuk Tuk. Dispõe de uma pequena seleção de livros e perfumes.

2 Lydia Delgado
C/Seneca 28

A consagrada designer catalã cria lindas roupas para mulheres, inspiradas nos anos 1950 e 1960. Toques de bordado e patchworks, e outros detalhes artísticos, dão vida aos tecidos.

3 José Rivero
C/Astúries 43

José oferece suas próprias criações originais para homens e mulheres; também vende acessórios artesanais, como bolsas de mão, de jovens estilistas locais.

4 Klimt02
C/Riera de Sant Miquel 65

Mais galeria de arte do que loja, esse estabelecimento é famoso na Europa toda por sua exclusiva variedade de "arte portátil". Colares, broches, pulseiras e brincos exclusivos não são para todos os bolsos, mas a visita não deixa de ser fascinante.

5 Érase Una Vez
C/Goya 7

O nome significa "era uma vez" e, de fato, muitas fantasias de contos de fada se realizam nessa adorável loja que cria roupas de noiva fabulosas, únicas. Também tem modelos de estilistas exclusivos.

6 Món de Mones
C/Xiquets de Valls 9

Para uma variedade de joalheria e acessórios incríveis, vá a esse "mundo de macacos" (*món de mones*, em catalão) perto da Plaça del Sol. A designer Teresa Roig usa materiais variados, de vidro a feltro, para criar suas peças originais.

7 Rock 01 Baby
C/Bonavista 16

Vista seus filhos na última moda nessa pequena loja que tem camisetas com logotipos divertidos, macacões para bebês e botas de camurça para os pequenos descolados.

8 Mushi Mushi
C/Bonavista 12

Pequena e charmosa butique, com ótima seleção de moda feminina, desde marcas difíceis de achar às melhores grifes. Também vende alguns poucos calçados, bolsas e outros acessórios.

9 El Piano
C/Verdi 20 Bis

Vende roupas femininas elegantes e cheias de estilo, com toque retrô da estilista catalã Tina García. Também tem peças de outros designers independentes.

10 Botó and Co
C/Bonavista 3

Essa é a terceira e mais nova loja da rede Botó and Co em Barcelona, com moda de alta qualidade para mulheres, como jeans Current/Elliot, blusas Humanoid e calçados Sigerson Morrison.

Cafés de Gràcia

1 Cafè del Sol
Pl del Sol 16 ■ AD

Esse café-bar está um nível acima dos demais da animada Plaça del Sol. Ambiente bom para conversar e café excelente.

2 Cafè Salambó
C/Torrijos 51 ■ AD

Sanduíches deliciosos e uma variedade de saladas são a atração desse bonito café-bar. Tem mesas de bilhar no andar de cima.

3 Bar Quimet
MAPA E1 ■ C/Vic 23

Autêntico, à moda antiga, com mesas de mármore e grandes barris de madeira. Grande opção para um aperitivo. Prove o vermute e uma seleção de azeitonas e *boquerones* (anchovas frescas).

4 La Cafetera
Pl de la Virreina 2

De todos os cafés da Plaça de la Virreina, esse, com seu terraço ao ar livre e pequeno pátio com plantas, é um dos mais agradáveis para um café da manhã tranquilo, um sanduíche ou um doce.

5 Suís
Travessera de Gràcia 151 ■ AD

Lugar animado, que vende excelentes sorvetes e sucos de frutas frescas no verão. No inverno, serve chocolate quente (que vem com creme batido por cima e é conhecido como *suís*, "suíço"). Tem uma grande variedade de chás e prepara deliciosos bolos e brownies.

6 Mama's Café
MAPA F1 ■ C/Torrijos 26 ■ Fechado ter

Esse lindo café minimalista tem um pátio nos fundos. Serve sanduíches orgânicos, saladas e bolos caseiros o dia todo, com sucos de frutas frescos e coquetéis.

7 Blues Cafè
C/Perla 37

As paredes desse envolvente café-bar à meia-luz são decoradas com fotos em preto e branco de John Lee Hooker e Lead Belly, entre outros grandes artistas. A música, elétrica ou acústica, é blues, claro.

8 Cafè del Teatre
C/Torrijos 41

Esse é um ótimo lugar para encontrar gente jovem, receptiva a um bom papo. A única conexão que parece ter com o teatro são as cortinas de veludo na placa acima da porta desse café mal-ajambrado, porém muito popular.

9 La Nena
MAPA F1 ■ C/Ramón y Cajal 36

Sucesso entre famílias com crianças menores, graças à sala com mesas e jogos para os pequenos. A seleção de bolos caseiros, sucos e bebidas quentes faz desse café um dos favoritos do bairro.

10 Le Standard
C/Topazi 24 ■ Aberto 18h-2h30 ter-dom

Como a sala de estar retrô de uma vovó, com sofás de couro e papel de parede florido, Le Standard é o lugar perfeito para relaxar com uma bebida. Organiza atividades culturais e exposições. Wi-Fi gratuito.

Interior retrô do Le Standard

Veja mapa nas pp. 116-17

Bares e Casas Noturnas

Bar no Bobby Gin

1 Bobby Gin

MAPA E1 ■ C/Francisco Giner 47 ■ AD

Esse bar de coquetéis apresenta quase 60 variedades de gim premium – floral, cítrico, picante e vintage. O slogan "Respeite o gim" foi cunhado pelo bartender que inspirou o nome do bar.

2 Universal Café

C/Marià Cubí 182 ■ Fechado dom ■ Entrada paga ocasionalmente

Aberto até 5h30, o Universal tem dois pisos, interior espaçoso e arejado. O pessoal vem bem arrumado para paquerar e dançar house e acid jazz.

3 Mirablau

Pl Dr Andreu ■ Aberto a partir das 11h diariam

Uma clientela um pouco mais velha e refinada, de elegante roupa esporte, frequenta esse clube atraída por sua combinação de bons coquetéis lindas vistas da cidade.

4 Gimlet

C/Santaló 46 ■ Aberto a partir das 18h seg-sáb

Aberto em 1982 por Javier de las Muelas, nome bem conhecido na cena internacional dos coquetéis, Gimlet é um bar clássico com toque contemporâneo, para provar ótimas bebidas em um ambiente elegante.

5 Luz de Gas

MAPA D1 ■ C/Muntaner 246 ■ Aberto qua-sáb

Sucesso desde meados dos anos 1990, esse clube apresenta música latina ao vivo até meia-noite. Depois, torna-se discoteca para um público um pouco mais velho.

6 Sala BeCool

MAPA C1 ■ Pl Joan Llongueras 5 ■ Fechado seg e ter

O popular Sala BeCool fica no bairro chique de Sant Gervasi, tem programação variada de DJs, noites especiais e shows *(p. 59)*.

7 Otto Zutz

C/Lincoln 15 ■ Fechado dom ■ Entrada paga

Jornalistas e publicitários vêm a esse clube de ar nova-iorquino para bater papo no andar de cima e jogar bilhar no térreo. As pistas de dança trepidam com house music *(p. 58)*.

8 La Cervesera Artesana

MAPA F1 ■ C/Sant Agustí 14 ■ Aberto a partir das 18h diariam

Microcervejaria animada, com boa variedade de cervejas importadas, além dos excelentes rótulos próprios. Vale a pena provar a Pale Ale ibérica, cerveja âmbar suave.

9 Ajoblanco

MAPA E1 ■ C/ Tuset 20 ■ Aberto a partir das 8h diariam

Servem-se pratos mediterrâneos e tapas à noite; por volta da meia-noite um DJ ocupa o bar e uma multidão descolada entra na dança ao ritmo de canções de sucessos, tomando coquetéis gigantescos.

10 Bikini

Av Diagonal 547 ■ Fechado dom-qua ■ Entrada paga ■ AD

Essa grande casa noturna abre a partir das 24h. São três espaços, com dance e música latina e um lounge de drinques. Grandes artistas da Europa se apresentam ali.

Restaurantes e Bares de Tapas

CATEGORIAS DE PREÇO
Refeição para uma pessoa com três pratos (ou equivalente) e meia garrafa de vinho, impostos e serviço.

€ até €35 €€ €35-50 €€€ acima de €50

1 El Asador d'Aranda

Av Tibidabo 31 ■ 93 417 01 15 ■ Fechado dom jantar (exceto jun-out) ■ €€

Restaurante instalado na magnífica Casa Roviralta, de estilo modernista, que atrai muitos executivos. Peça o cordeiro assado no forno a lenha e faça sua refeição no lindo jardim *(p. 62)*.

2 Hofmann

C/La Granada del Penedès 14-16 ■ 93 218 71 65 ■ Fechado sáb, dom, semana santa, ago, Natal ■ AD ■ €€€

Dirigido pelo talentoso chef Mey Hofmann, esse local com estrelas do Michelin serve deliciosa comida catalã. Experimente as excepcionais sobremesas.

3 Abissínia

C/Torrent de les Flors 55 ■ 93 213 70 85 ■ Fechado ter ■ €

Restaurante etíope tradicional, serve os molhos com pão *injera*. Uma boa opção para vegetarianos.

4 Il Giardinetto

MAPA E1 ■ C/La Granada del Penedès 28 ■ 93 218 75 36 ■ Fechado sáb almoço, dom, ago ■ €€

Esse estabelecimento serve pratos mediterrâneos clássicos, como o spaghetti alla Sofia Loren (massa com anchova e molho de salsinha). Piano às sextas-feiras.

5 Fragments Café

Pl de la Concòrdia 12 ■ 93 419 96 13 ■ Fechado seg ■ €

A Plaça de la Concòrdia, no bairro de Les Corts, ainda mantém um charme de cidade pacata. Esse pequeno café serve tapas gourmet num terraço ou no acolhedor salão interno.

6 Bonanova

C/Sant Gervasi de Cassoles 103 ■ 93 417 10 33 ■ Fechado dom jantar, seg ■ AD ■ €€

Longe dos circuitos turísticos, Bonanova serve ingredientes frescos e da estação de modo simples e tradicional desde 1964.

7 La Balsa

C/Infanta Isabel 4 ■ 93 211 50 48 ■ Fechado dom jantar, seg, Páscoa, almoço em ago ■ €€

Com dois terraços ajardinados, La Balsa, lindo lugar na calma área de Bonanova, serve ótimos pratos bascos, catalães e mediterrâneos.

8 El Vell Sarrià

C/Major de Sarrià 93 ■ 93 204 57 10 ■ Fechado dom jantar, seg ■ €€

Fica numa linda mansão antiga, e é o melhor da área para provar deliciosas paellas, pratos locais de arroz e frutos do mar grelhados.

9 Botafumeiro

C/Gran de Gràcia 81 ■ 93 218 42 30 (reserve) ■ AD ■ €€€

Restaurante de frutos do mar com tanques cheios de caranguejos e lagostas. Não deixe de provar o *pulpo gallego* (polvo galego).

10 Acontraluz

C/Milanesat 19 ■ 93 203 06 58 ■ €€

Localizado numa parte tranquila da cidade, tem um terraço charmoso e teto retrátil, para uma refeição ao ar livre. No cardápio, a moderna cozinha catalã e tapas variadas.

Restaurante Acontraluz

TOP 10 Arredores de Barcelona

Teatre-Museu Dalí

Enraizada na tradição, com idioma próprio e orgulho de sua identidade, a Catalunha é rica tanto em herança cultural como em beleza natural. Não há exagero em afirmar que a região tem de tudo. O litoral conta com lindas praias, enseadas protegidas por rochas e com águas cristalinas, enquanto ao norte estão os picos de 3 mil metros de altitude dos Pireneus. Esses tesouros naturais são complementados por igrejas e mosteiros fabulosos, em deslumbrantes cenários de montanha. A cozinha se destaca, e o cava produzido na área não deve nada ao champanhe francês.

ARREDORES DE BARCELONA

1 Montserrat

Informação turística: Pl de la Creu ■ 93 877 77 01 ■ www.montserratvisita.com

A imponente montanha de Montserrat, com seu isolado mosteiro beneditino datado de 1025, é um símbolo religioso e lugar de peregrinação do povo catalão. A basílica abriga uma estátua da padroeira da Catalunha, La Moreneta, também conhecida como "Virgem Negra" *(p. 41)*. Há quem diga que a estátua é de 50 d.C., mas pesquisas sugerem que foi esculpida no século XII. O mosteiro sofreu grande destruição em 1811, durante a Guerra de Independência, e foi reconstruído trinta anos mais tarde.

Mosteiro em Montserrat

Montserrat – que significa "montanha irregular", em catalão – faz parte de uma cadeia de montanhas que se ergue subitamente das planícies. Pegue o funicular até o pico intocado da montanha, onde trilhas seguem por gargantas espetaculares até várias ermidas.

2 Teatre-Museu Dalí, Figueres

Pl Gala-Salvador Dalí, Figueres ■ 97 267 75 00 ■ Aberto mar-jun e out: 9h30-18h ter-dom (diariam em jun); jul-set: 9h-20h diariam (até 24h em ago); nov-fev: 10h30-18h ter-dom ■ Entrada paga ■ Casa-Museu Salvador Dalí: Portlligat, Cadaqués ■ 97 225 10 15 ■ Aberto ter-dom (diariam meados jun-meados set) somente para visitas guiadas, com reserva; fechado início jan-meados fev ■ Entrada paga ■ www.salvador-dali.org

Salvador Dalí nasceu na cidade de Figueres em 1904. Para homenageá-lo foi criado o fantástico Teatre-Museu Dalí, cheio de obras excêntricas. Instalado num antigo teatro, o segundo museu de arte mais visitado do país (depois do Prado, em Madri) oferece uma visão única das criações do artista, desde *La cesta de pan* (1926) a *El torero alucinógeno* (1970). A 30 minutos de carro, perto da cidade praiana de Cadaqués, visite a Casa-Museu Salvador Dalí, que o artista utilizou como residência de verão por quase 60 anos, até sua morte, em 1989.

3 Costa Brava

A Costa Brava é uma linda extensão de terra no litoral do Mediterrâneo que vai de Blanes (cerca de 60km ao norte de Barcelona) até a fronteira com a França. Tem alguns grandes resorts, como Lloret de Mar e Roses; porém, muitas cidades pequenas e seus resorts, como Calella de Palfrugell e Tamariu, mantiveram as características tradicionais. Entre os destaques culturais estão a cidadela medieval que coroa Tossa de Mar e o Museu Thyssen em Sant Feliu de Guíxols. A área tem ótimas trilhas à beira-mar, nos Camins de Ronda.

4 Alt Penedès

Informação turística: C/Hermeneglid Ciascar 2, Vilafranca del Penedès ■ 93 818 12 54 ■ Contate o escritório de turismo para detalhes sobre as visitas a vinícolas da região ■ www.turismevilafranca.com

A região vinícola mais famosa da Catalunha é Penedès, produtora do cava – que tem marcas hoje conhecidas no mundo todo, como Cordoníu e Freixenet. Muitas vinherias daqui ficam abertas ao público. Uma das mais espetaculares é a da Cordoníu, em edifício modernista de Puig i Cadafalch, com nada menos do que 26km de adegas em cinco andares.

Estátua El Call

5 Begur e Arredores

Informação turística: Av Onze de Setembre 5 ■ 97 262 45 20 ■ www.begur.cat

Na elegante Begur, das ruínas de um castelo do século XIV, no alto da montanha, podem-se apreciar os pântanos virgens e algumas das mais lindas enseadas da Costa Brava. A população da cidade quadruplica no verão, pois os visitantes fazem dela sua base para explorar as praias próximas e seus recantos isolados. Em muitas das praias da área há jazz ao vivo no verão. Esse é talvez o melhor trecho de litoral da Catalunha.

Ruínas do muro romano de Tarragona

6 Tarragona

Informação turística: C/Major 39 ■ 97 725 07 95 ■ www.tarragonaturisme.cat

Imenso porto industrial, Tarragona já foi a capital da Catalunha romana, e hoje as principais atrações da cidade são daquela era. Entre seus tesouros arqueológicos estão um impressionante anfiteatro e os bem conservados muros romanos que levam até o Museu Nacional Arqueològic e a Torre de Pilatos, uma construção onde os cristãos supostamente ficavam aprisionados antes de serem lançados aos leões. Outra atração de Tarragona é a Catedral de Santa Tecla *(p. 128)*.

7 Girona

Informação turística: Rambla de la Llibertat 1 ■ 972 01 00 01 ■ www.girona.cat/turisme

Girona é uma bela cidade rodeada de montanhas. No meio da Cidade Velha fica o bairro judeu (conhecido como El Call), um dos núcleos medievais mais bem preservados da Europa. Visitar a Catedral de Girona *(p. 128)* é programa obrigatório.

8 Empúries

C/Puig i Cadafalch s/n, Empúries ■ 97 277 02 08 ■ Aberto jun-set, Páscoa: 10h-20h diariam (até 18h diariam out-mai) ■ Entrada paga; grátis última ter do mês out-jun

Depois de Tarragona, Empúries é o sítio romano mais importante da Catalunha. Ocupando uma posição estratégica junto ao mar, a cidade tem mais de 400 mil m^2 de ruínas gregas e romanas, com destaque para as ruínas de uma rua de mercado, vários templos e um anfiteatro romano. É o lugar ideal para quem quer misturar um pouco de história com um mergulho no mar.

9 Port Aventura

Av Pere Molas, Vila-seca, Tarragona ■ 97 777 90 90 ■ Veja horários no site ■ Entrada paga ■ AD ■ www.portaventura.co.uk

Esse parque temático da Universal Studios se divide em seis áreas, como Velho Oeste e Polinésia, e conta com a maior montanha-russa da Europa, a Dragon Kahn (na área China).

10 Costa Daurada e Sitges

Informação turística: Pl Eduard Maristany 2, Sitges ■ 93 894 42 51 ■ www.sitgestur.cat

Com suas praias amplas e de águas rasas, a Costa Daurada difere do litoral norte da Catalunha. A pacata Torredembarra é um balneário familiar agradável, mas o destaque mesmo é, sem dúvida, Sitges – reduto de verão dos ricos de Barcelona, além de destino concorrido da comunidade gay *(p. 61)*. Apesar do ar frenético, a cidade nunca chega aos excessos cafonas de outras cidades da Costa Brava.

Sitges

VISTAS INCRÍVEIS

DE MANHÃ

A viagem de ida e volta leva cerca de cinco horas. De Barcelona, pegue a rodovia AP7 até a saída 4, e depois a C260 até Cadaqués. Pouco antes de entrar na cidade, pare no mirante e aprecie o azul do litoral e as casas caiadas dessa antiga vila de pescadores. Em **Cadaqués**, hoje uma das cidades de praia mais em alta na Catalunha, passeie pelas charmosas ruas cheias de butiques. Depois de um mergulho no mar e uma pausa num dos refinados cafés com terraço, pegue a estrada que sai de Port Lligat e rume para o farol de **Cap de Creus** *(p. 129)*. Dirija pela bela paisagem desolada desse cabo rochoso antes de voltar e seguir para Port de la Selva. A estrada é muito sinuosa – convém ter cuidado –, mas o cenário é de tirar o fôlego.

DE TARDE

Pare na pequena Port de la Selva, situada entre as montanhas, e prove o excelente almoço de frutos do mar do **Ca l'Herminda** (C/ Illa 7). Depois, dirija até a vizinha vila de Selva del Mar, com seu pequeno rio, e tome um café no terraço do Bar Stop (C/Port de la Selva 1), antes de prosseguir até o **Monestir Sant Pere de Rodes** *(p. 128)*. Você sentirá vontade de parar várias vezes no caminho, a fim de apreciar o panorama. Resista, porque o melhor virá na chegada ao mosteiro, de onde se pode contemplar toda a belíssima região. Há muitas trilhas para caminhadas, bem sinalizadas, por todo o alto da montanha. Vale a pena ficar atento para não perder o espetacular crepúsculo sobre a baía.

Veja mapa nas pp. 124-5 ←

Igrejas e Mosteiros

1 Monestir de Montserrat

Montserrat ■ 93 877 77 01 ■ Entrada paga nos museus, basílica grátis ■ AD na basílica ■ www.abadiamontserrat.cat

É o lugar mais sagrado da Catalunha e o mosteiro mais visitado da região. Tem arte românica e a estátua da Virgem negra *(p. 125)*.

2 Monestir de Poblet

Saída da N240, 10 km a O de Montblanc ■ Entrada paga ■ www.poblet.cat

Esse mosteiro ativo contém a Capella de Sant Jordi (gótica), uma igreja românica e a Porta Daurada, pintada de ouro para a visita de Felipe II em 1564.

3 Monestir de Ripoll

Ripoll ■ 97 270 42 03 ■ www.monestirderipoll.cat ■ Entrada paga

O portal oeste desse mosteiro (879) tem os melhores entalhes românicos da Espanha. Dos edifícios originais, restam apenas a entrada e o claustro.

4 Monestir de Santes Creus

Santes Creus, 25 km ao NO de Montblanc ■ 97 763 83 29 ■ Fechado seg ■ Entrada paga ■ www.en.mhcat.cat

O claustro dessa joia gótica (1150) é notável pelos capitéis esculpidos do artista inglês Reinard Funoll.

5 Sant Joan de les Abadesses

Sant Joan de les Abadesses ■ 97 272 05 99 ■ www.santjoandeles abadesses.com ■ Entrada paga

Esse lindo mosteiro franco-românico nos Pireneus guarda um prestigioso acervo de esculturas românicas.

6 Sant Climent i Santa Maria de Taüll

138 km a N de Lleida ■ 97 369 67 15 ■ www.centreromanic.com

Dois exemplares perfeitos das igrejas românicas que estão espalhadas pelos Pireneus. Os afrescos são reproduções. Os originais estão agora no MNAC, em Barcelona *(pp. 20-1)*.

7 Catedral de La Seu d'Urgell

La Seu d'Urgell ■ 97 335 15 11 ■ Entrada paga ■ AD

De cerca de 1040, essa catedral é uma das mais elegantes da Catalunha.

8 Catedral de Girona

Cidade Velha, Girona ■ Entrada paga; grátis dom ■ www.catedraldegirona.org

Tem a nave em estilo gótico mais larga da Europa. E, entre todos os estilos, só é mais estreita do que a nave da Basílica do Vaticano.

9 Catedral de Santa Tecla

Cidade Velha, Tarragona ■ Fechado dom ■ Entrada paga ■ Visitas guiadas ■ www.catedraldetarragona.com

Com 104m de comprimento, a catedral de Tarragona é a maior da região. Sua arquitetura mescla o gótico e o românico, e ela é coroada por um imenso campanário octogonal.

10 Monestir de Sant Pere de Rodes

22 km a L de Figueres ■ Fechado seg ■ Entrada paga ■ www.en.mhcat.cat

O charme decadente desse Patrimônio da Humanidade pela Unesco diminuiu após a reforma, mas as vistas de Cap de Creus e Port de la Selva ainda são magníficas.

Monestir de Sant Pere de Rodes

Parques Nacionais e Reservas

1 Parc Nacional d'Aigüestortes i Estany de Sant Maurici

148 km ao N de Lleida

Os belíssimos picos do único parque nacional catalão são acessíveis a partir do vilarejo de Espot. Tem cachoeiras e lagos glaciais a 2.000m de altitude.

2 Delta de l'Ebre

28 km a SE de Tortosa

Esse imenso delta é uma colcha de retalhos de campos de arroz. A vastidão do rio Ebre corta uma reserva natural de aves migratórias, com inúmeras estações para observação de pássaros.

Garça-real-europeia, Delta de l'Ebre

3 Parc Natural de la Zona Volcànica de la Garrotxa

40 km a NO de Girona

A última erupção de La Garrotxa foi há 10 mil anos, e os vulcões da região estão extintos há tempos. A maior cratera é Santa Margalida, com 500m de largura. A melhor época para visitar é na primavera, com milhares de borboletas.

4 Cap de Creus

36 km a L de Figueres

Os Pireneus, ao descer para o Mediterrâneo, criam esse promontório rochoso, que se projeta por 10km. É o ponto mais a leste da Catalunha e tem vistas magníficas do litoral.

5 Parc Natural del Cadí-Moixeró

20 km a E de La Seu d'Urgell

Coberto por um tapete de coníferas e carvalhos, essa cadeia de montanhas tem uma vegetação surpreendentemente exuberante. Vários picos têm mais de 2 mil metros.

6 Parc Natural del Montseny

48 km a NO de Barcelona

Parque natural mais acessível da Catalunha, com montanhas bem equipadas para trilheiros e mountain bikers, além de uma rede de trilhas. Dá para escalar o bem sinalizado e popular Turó de l'Home, seu pico mais alto.

7 Massís de Pedraforca

64 km ao N de Manresa

Uma reserva natural rodeia essa formação de montanhas, a preferida entre os escaladores, com picos de até 2.500m.

8 Serra de l'Albera

15 km ao N de Figueres

No lado leste da fronteira Espanha-França, as encostas com árvores da serra de Albera contam com cerca de 20 igrejas romanescas em diferentes estados de preservação.

9 Parc Natural dels Aiguamolls de l'Empordà

15 km a L de Figueres

Reserva natural com torres para observação de pássaros. Nas estações de Laguna de Vilalt e La Bassa de Gall Mari, são vistas garças, galinholas e outras espécies nidificando na primavera.

10 Parc Natural de Sant Llorenç del Munt

12 km a L de Manresa

Rodeado de indústrias e bem perto de Barcelona, esse é um parque surpreendentemente preservado, com muitos javalis. Suba o Cerro de la Mola para ver o mosteiro românico.

Veja mapa nas pp. 124-5

Atividades ao Ar Livre

Rafting em La Noguera Pallaresa

1 Rafting e Caiaque

Yeti Emotions, Llavorsí, 14 km ao N de Sort ■ 97 362 22 01 ■ www.yetiemotions.com

Um dos melhores rios europeus para esses esportes é o Noguera Pallaresa, nos Pireneus. O fim da primavera é a melhor época.

2 Mergulho com Cilindro

Aquàtica, L'Estartit ■ 97 275 06 56 ■ www.aquatica-sub.com

A Reserva Natural das Illes Medes tem muitas espécies de peixes e corais coloridos, com barcos com fundo de vidro para quem não mergulha.

3 Esportes Aquáticos e Vela

Club de Mar Sitges, Pg Marítim, Sitges ■ 93 894 09 05 ■ www.clubmarsitges.com

Sitges é um bom lugar para vela e tem iates para alugar e aulas para novatos, além de canoagem e windsurfe.

4 Esqui

La Molina: 25 km S de Puigcerdà ■ 97 289 20 31 ■ www.lamolina.com ■ Baqueira-Beret: 14 km a L de Vielha ■ 90 241 54 15 ■ www.baqueira.es

La Molina é o resort mais próximo de Barcelona, mas os ricos vão para Baqueira-Beret. Ambos têm esqui de todos os níveis, a partir de dezembro.

5 Golfe

Santa Cristina d'Aro: 972 83 70 55 ■ Platja d'Aro: 97 281 67 27

A Costa Brava é um dos melhores locais para golfe na Europa; procure os bons campos nos arredores de Platja d'Aro.

6 Cavalgadas

Hotel Can Cuch, Can Cuch de Muntanya 35, Cànoves ■ 93 103 39 80

O parque nacional de Montseny *(p. 129)* é ideal para andar a cavalo, com vários centros de equitação.

7 Balonismo

Vol de Coloms ■ 97 268 02 55 or 68 9471 872 ■ www.voldecoloms.cat

Um passeio de balão pela área vulcânica de La Garrotxa é o jeito ideal de apreciar a bela paisagem da Catalunha do alto.

8 Passeios de Barco

Dofi Jet Boats, Blanes ■ 97 235 20 21 ■ barcos a cada hora diariam de Blanes e Lloret de Mar (dois por dia em Calella); fechado nov-mar ■ www.dofijetboats.com

Faça um cruzeiro de Calella e Blanes pela Costa Brava, parando na Cidade Velha e no castelo medieval de Tossa de Mar.

9 Atividades no Canal Olímpic

Canal Olímpic ■ Av Canal Olímpic, Castelldefels ■ 93 636 28 96 ■ www.canalolimpic.com

Usado nas competições de remo das Olimpíadas de 1992, o imenso Canal Olímpic é hoje um complexo de lazer com inúmeras atividades.

10 Colheita de Cogumelos

Do final de setembro ao final de outubro, milhares de catalães correm para as montanhas para procurar o altamente valorizado *rovelló*. Há variedades venenosas, por isso deve-se procurar um guia na Diputació de Barcelona.

Onde Comer

CATEGORIAS DE PREÇO
Refeição para uma pessoa com três pratos (ou equivalente) e meia garrafa de vinho, impostos e serviço.

€ até €35 €€ €35-50 €€€ acima de €50

1 Tragamar

Platja de Canadell s/n, Callella de Palafrugell ■ 97 261 43 36 ■ €€

Reserve uma mesa no terraço ou perto da janela nesse restaurante de praia e prove deliciosos pratos, como o carpaccio de atum e a paella de lagosta.

2 Les Cols

Mas les Cols, Ctra de la Canya s/n, Olot ■ 97 226 92 09 ■ www.lescols.com ■ Fechado dom e ter à noite, seg ■ AD ■ €€€

Les Cols, com duas estrelas no guia Michelin, serve pratos espanhóis contemporâneos com legumes da própria horta e da estação, num incrível ambiente moderno.

3 La Torre del Remei

Camí del Remei 3, Bolvir, Cerdanya, 3 km a SO de Puigcerdà ■ 97 214 01 82 ■ AD ■ €€

Um palacete modernista é o cenário elegante dessa comida catalã de apresentação magnífica.

4 Cal Ticus

C/Raval 19, Sant Sadurní d'Anoia ■ 93 818 41 60 ■ Fechado dom-qua à noite ■ AD ■ €

Esse restaurante moderno serve pratos tradicionais com produtos da estação de fornecedores locais. Boa seleção de vinhos de Penedès no cardápio e à venda na loja.

5 Fonda Europa

C/Anselm Clavé 1, Granollers ■ 93 870 03 12 ■ AD ■ €

Inaugurado em 1771, o Fonda Europa foi o primeiro de uma série de restaurantes catalães bem-sucedidos. Entre os pratos, pé de porco e ensopado catalão com carne e vegetais.

6 L'Ó

Hotel Món, Camí de Sant Benet de Bages, Sant Fruitós de Bages ■ 93 875 94 29 ■ Ligue para obter os horários ■ €€€

O interior moderno desse restaurante com estrelas Michelin combina com os pratos de comida contemporânea, feitos com ingredientes locais frescos.

7 Sant Pau

C/Nou 10, Sant Pol de mar ■ 93 760 06 62 ■ Fechado dom, seg, qui almoço, 3 semanas mai, 3 semanas nov ■ €€€

Carme Ruscalleda é tida como uma das melhores chefs do país. Seu restaurante com três estrelas do Michelin serve sublime comida catalã.

8 Can Roura

C/Major 10, Sant Martí d'Empúries, l'Escala ■ 97 277 33 80 ■ Fechado meados set-mai; ligue para obter os horários ■ €

Aberto em 1958 e hoje dirigido pelo neto do fundador. Amostras da melhor culinária tradicional da região, com ótimos peixes locais.

9 El Celler de Can Roca

C/Can Sunyer 48, Girona ■ 97 222 21 57 ■ Fechado dom, seg, semana santa, ago-meados set, 3 semanas dez-jan ■ €€

Excelente comida catalã dos irmãos Roca e uma grande carta de vinhos. Tem três estrelas do Michelin e lista de espera de 10 meses.

Sobremesa, El Celler de Can Roca

10 Cal Ton

C/Casal 8, Vilafranca del Penedès ■ 93 890 37 41 ■ Fechado seg, dom à noite, Páscoa, 3 semanas em ago ■ €€

Cozinha contemporânea no centro da maior região vinícola catalã. Prove o *menu degustació*.

Veja mapa nas pp. 124-5

Dicas de Viagem

Mosaico de Joan Miró na calçada do Mercat de la Boqueria, La Rambla

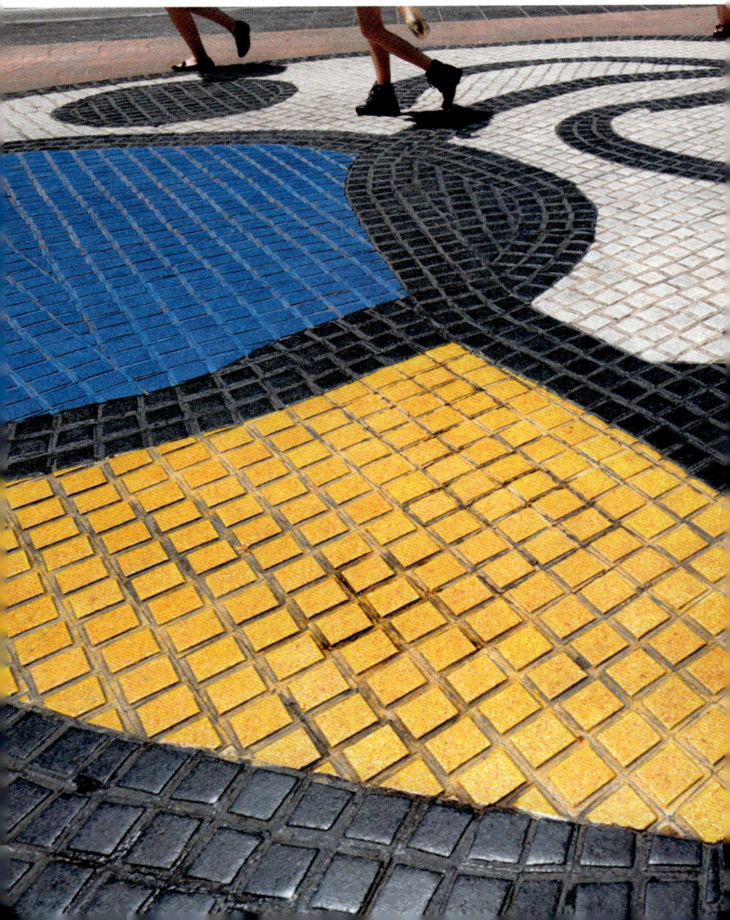

Como Chegar e Circular em Barcelona

Chegar por Via Aérea

Grande parte dos voos chega ao **Aeroporto El Prat**, 12km ao sul do centro da cidade. Há dois terminais, ligados por um ônibus circular. Trens locais partem a cada 30 minutos para o centro da cidade (a 25 min). A linha 9 Sud do metrô leva à Zona Universitària (estação da linha 3), na zona oeste da cidade (a 30 min). Existe um serviço de ônibus expresso, **Aerobús** (20-30 min).

Há táxis na saída dos dois terminais de chegada (€25-35 até o centro de Barcelona) e empresas de aluguel de carro.

A **Iberia** tem serviço de ponte aérea entre Madri e Barcelona, com cerca de 30 voos diários, além de outros voos domésticos, assim como a **Vueling** e a **Air Europa**. Há ainda voos diretos, de baixo custo, a partir das maiores cidades da Europa. Existem voos charter até Girona e Reus, a cerca de 100km de distância. Há voos semanais diretos de São Paulo e voos com uma ou duas escalas que saem do Rio de Janeiro, além de voos diretos de Nova York, Miami e Atlanta.

Chegar de Trem

O serviço de trens está a cargo da companhia ferroviária nacional espanhola, a **RENFE**, e do governo catalão via **FGC** (Ferrocarrils de la Generalitat de Catalunya). Os trens intermunicipais e europeus usam a Estació de Sants e a Estació de França (está em construção uma estação para trens-bala, Sagrera). A Sants oferece vários serviços, como guarda-volumes, caixas eletrônicos, casa de câmbio, mas a França, não. O trem-bala, AVE, sai de Sants e liga Barcelona a Madri em menos de 3 horas.

Chegar por Estrada

Várias empresas de ônibus ligam Barcelona às maiores cidades espanholas, enquanto a **Eurolines** e a **Movelia** a ligam às maiores cidades europeias. Grande parte dos ônibus sai da **Estació del Nord** (ver os horários no site, na internet) ou de outra rodoviária menor ao lado da Estació de Sants.

Quem chega de carro encontra boas rodovias (com pedágio), e estradas sem pedágio conectam Barcelona à Europa e ao resto da Espanha. A AP7, com pedágio, liga a costa francesa a Barcelona.

Andar de Metrô e de Trem

O transporte metropolitano de Barcelona ou **TMB** opera a extensa rede de transportes públicos da cidade e dos subúrbios, que inclui o funicular, o FGC, ônibus, metrô e RENFE. O sistema de metrô, de oito linhas (L1–L5, L9–L11), é rápido, cômodo e fácil de usar. O metrô funciona das 5h à meia-noite (seg-qui), das 5h às 2h (sexta) e das 5h do sábado à meia-noite do domingo. O site da TMB contém informações de viagem, localizadores e horários.

Duas empresas locais operam os trens em Barcelona: a RENFE opera os rodalies (cercanías, em espanhol) para as cidades vizinhas e o aeroporto; o FGC opera o anel ferroviário (L6, L7, L8) no leste e norte de Barcelona. Ambas fazem baldeação com as estações de metrô.

De Ônibus ou Bonde

O sistema de ônibus de Barcelona cobre a cidade toda. As paradas são bem visíveis e os ônibus indicam o destino na frente. Grande parte das linhas funciona das 4h30 às 23h, diariamente. As linhas do **Nitbús** (ônibus noturno), a cargo da **EMT**, funcionam das 22h40 às 6h. Veja horários e rotas no site da EMT, por tipo de transporte da cidade – ou pegue o informativo no escritório de turismo.

Barcelona tem duas linhas de bonde, Trambaix (T1, T2, T3) e Trambesòs (T4, T5, T6), que operam das 4h55 à 0h30, diariamente (cada linha tem horários próprios). Veja rotas e horários no site da **TRAM**.

A TMB opera a Tramvia Blau, linha que liga a L7 ao funicular (compre o bilhete em dinheiro com o motorista).

Passagens

O sistema de passagens integradas cobre ônibus, bonde, metrô, trem local e rodalies. Uma passagem integrada custa €2,15. O passe T-10 multipessoal é válido para 10 viagens nas zonas de 1 a 6 (toda a viagem deve ser feita em 75 minutos). O passe T-Dia permite viagens diárias ilimitadas por pessoa. As passagens podem ser compradas nos caixas automáticos das estações de metrô. Adquira o passe Hola BCN! pela internet no site da TMB para 2, 3, 4 ou 5 dias de viagens ilimitadas.

De Táxi

Chame um táxi, amarelo e preto, na rua; uma luz verde no teto indica que está livre. Táxis online ou por telefone: **Taxi Ecològic**, **Radio Taxi 033**, **Barna Taxi**, **Taxi Class** e **Taxi Amic** (adaptados a passageiros deficientes). O taxímetro é iniciado logo na chamada. Para dois ou mais passageiros em corridas pequenas, o táxi custa pouco mais do que o metrô. Cobra-se uma tarifa mínima e taxas extras para bagagens, viagens ao porto ou aeroporto, corridas noturnas e nos feriados.

De Carro

Não se aconselha guiar na cidade. Ruas estreitas, algumas de mão única, e os raros estacionamentos dificultam a tarefa. Se vier de carro, deixe-o num estacionamento coberto da periferia e use os transportes públicos.

De Bicicleta

Pode ser uma opção divertida. Barcelona tem mais de 180km de ciclovias: procure os mapas no escritório de turismo ou nas lojas de aluguel, como **Budget Bikes**, **Rabbit Bike** e **Barcelona Battery Bikes** (p. 140). O esquema **Bicing**, para pegar e deixar bicicletas em pontos na cidade toda, é voltado para os moradores – cobra um imposto anual e requer endereço local. Ou então passeie de motocicleta, vespa ou Segway. O escritório de turismo tem os endereços onde alugar.

A Pé

É a melhor maneira de visitar Barcelona, em especial a cidade velha e Gràcia, para conhecer as riquezas arquitetônicas e culturais. A orla marítima, de Port Vell a Port Olímpic, também merece ser visitada a pé.

LISTA DE ENDEREÇOS

CHEGADA DE AVIÃO

Aerobús
W aerobusbcn.com

Air Europa
W aireuropa.com

Aeroporto El Prat
W aena.es

Iberia
W iberia.es

Vueling
W vueling.com

CHEGADA DE TREM

FGC
W fgc.cat

RENFE
W renfe.com

CHEGADA POR ESTRADA

Estació del Nord
C/Ali Bei 80
W barcelonanord.cat

Eurolines
W eurolines.com

Movelia
W movelia.com

METRÔ E TREM

TMB
W tmb.cat

ÔNIBUS E BONDE

EMT
W emt-amb.com

TRAM
W tram.cat

COMPANHIAS DE TÁXI

Barna Taxi
W barnataxi.com

Radio Taxi 033
W radiotaxi033.com

Taxi Amic
W taxi-amic-adaptat.com

Taxi Class
W taxiclassrent.com

Taxi Ecològic
W taxiecologic.com

ALUGUEL DE BICICLETAS

Barcelona Battery Bikes
W barcelonabatterybikes.com

Bicing
W bicing.cat

Budget Bikes
W budgetbikes.eu

Rabbit Bike
W rabbitbike.es

Informações Práticas

Passaporte e Visto

Os visitantes de fora do Espaço Econômico Europeu (EEE), da União Europeia (UE) e da Suíça precisam de passaporte válido para entrar na Espanha. Os cidadãos do EEE, da UE e da Suíça podem usar a carteira de identidade. Os cidadãos brasileiros, do Canadá e dos Estados Unidos podem visitar a Espanha por 90 dias sem visto com passaporte válido por no mínimo 6 meses após a data de entrada. Estadias maiores exigem um visto prévio do consulado espanhol. Grande parte dos não europeus precisa de visto e deve consultar os serviços aos cidadãos do site do **Ministério de Assuntos Exteriores e da Cooperação** para mais informações. Os vistos do Espaço Schengen são válidos na Espanha.

Alfândega e Imigração

Não há limites, quanto à entrada e saída da maioria dos bens, para cidadãos da UE, desde que sejam de uso pessoal. Há exceções, como armas, de fogo ou brancas, alguns alimentos e plantas, e espécies ameaçadas.

Os passageiros da UE podem entrar no país com: 800 cigarros, 400 cigarrilhas, 200 charutos, 1kg de tabaco, 10 litros de bebidas de teor alcoólico acima de 22%, 20 litros de bebidas de teor alcoólico abaixo de 22%, 90 litros de vinho (até 60 litros de vinho frisante) e 110 litros de cerveja. Os não europeus têm direito a 200 cigarros ou 250g de produtos de tabaco, e visitantes acima de 20 anos podem entrar com 1 litro de destilado, 1 litro de vinho e 6 litros de cerveja. Os residentes não europeus podem obter a restituição do IVA sobre compras acima de €90,15 no aeroporto, na saída da UE *(p. 140)*.

Seguro de Viagem

É aconselhável contratar um seguro contra roubos, perdas, acidentes, doenças, atrasos e cancelamentos de viagens. A Espanha tem acordos de assistência médica recíproca com outros países da UE, e os cidadãos da UE recebem atendimento emergencial no sistema público de saúde se apresentarem um Cartão Europeu de Seguro de Doença (CESD) válido. A odontologia não está coberta, e as consultas podem ser cobradas antes. Os visitantes não europeus devem verificar se o país de origem tem acordo recíproco com a Espanha.

As agências de aluguel de carros têm seguros para os veículos, mas verifique antes se já não está coberto por seu banco ou seguro nacional.

Emergências

Ambulâncias, polícia e bombeiros podem ser chamados pelo número de emergência europeu **112**. Há linhas reservadas à **Policía Nacional**, à **Guàrdia Urbana**, aos **Mossos d'Esquadra** (forças policiais catalãs) e às **ambulâncias**.

Saúde

Não há vacinas exigidas para a Espanha, e existem poucos riscos sanitários sérios. A água da torneira é potável, embora as pessoas prefiram o sabor da água mineral. Recomenda-se levar a prescrição dos remédios habituais.

Para problemas leves, vá à *farmàcia*. Sinalizadas com larga cruz vermelha ou verde, abrem em geral das 10h às 21h de segunda a sábado. Se fechadas, colocam um aviso com o endereço da *farmàcia de guàrdia* mais próxima. Entre as farmácias abertas 24 horas está a **Farmàcia Clapés**, na Rambla.

Há muitas clínicas (em geral privadas), como a **Creu Blanca Pelai**, onde não é preciso agendar a consulta. Entre os maiores hospitais da cidade estão o **Hospital Dos de Maig**, o **Hospital de la Santa Creu i de Sant Pau** e o **Hospital Clinic**, afiliado à Universidade de Barcelona. A **Clínica Dental Barcelona** cuida de emergências odontológicas.

Segurança Pessoal

Barcelona é relativamente segura, embora pequenos delitos, como furto e roubo de bolsa, sejam problemáticos. Vale também aqui o conselho para quem viaja numa cidade grande. Deixe todos os seus objetos de valor, até o passaporte, no cofre do hotel. Leve o mínimo possível de dinheiro vivo e esconda-o em um cinto com zíper sob as roupas. Carregue a carteira no bolso da frente e leve a bolsa a tiracolo. Na praia e em cafés e restaurantes, mantenha seus pertences no colo ou por perto. Seja prudente em caso de contato estranho ou repentino, verbal ou físico, seja um toque no ombro ou alguém derrubando bebida em sua mesa. Os ladrões costumam agir em duplas, e enquanto um tenta distraí-lo o outro rouba sua carteira. Embora incidentes sérios e violentos sejam raros, os ladrões às vezes têm faca – por isso, entregue logo seus pertences se for ameaçado. Para fazer um boletim de ocorrência, vá à *comissaria* mais próxima. Entre as várias forças policiais, contate de preferência os Mossos d'Esquadra, que usam uniforme azul-marinho.

Portadores de Deficiência

Muitos hotéis, museus, restaurantes modernos, shopping centers e lojas têm acesso a cadeirante, e as ruas da cidade foram adequadas. Porém, como muitos prédios antigos ainda são inacessíveis, ligue antes e se informe.

Todos os ônibus e quase todas as estações de metrô e trem são acessíveis por cadeira de rodas. Contate o **IMD** (Institut Municipal de Persones amb Discapacitat) para informações sobre transportes. A **Disabled Accessible Travel** organiza passeios e tem informações sobre hotéis. A agência de viagens **Viajes 2000** organiza férias para portadores de deficiência.

LISTA DE ENDEREÇOS

PASSAPORTE E VISTO

Ministério dos Assuntos Exteriores e da Cooperação
W exteriores.gob.es

EMBAIXADAS E CONSULADOS

Brasil
MAPA D1 Av. Diagonal 468, 2º andar
T 93 488 22 88
W barcelona.itamaraty.gov.br

Irlanda
Gran Via Carles III 94
W dfa.ie/irish-embassy/spain

Reino Unido
MAPA D1 ■ Av Diagonal 477
T 93 366 62 00
W ukinspain.fco.gov.uk

Estados Unidos
Paseo Reina Elisenda de Montcada 23
T 93 280 22 27
W barcelona.usconsulate.gov

EMERGÊNCIAS

Ambulância, polícia e bombeiros
T 112

Ambulância
T 061

Guàrdia Urbana
T 092

Mossos d'Esquadra
T 088

Policía Nacional
T 091

SAÚDE

Creu Blanca Pelai
MAPA L1 ■ C/Pelayo 40
T 93 412 12 12
W creu-blanca.es/en

Farmàcia Clapés
MAPA L3 ■ La Rambla 98
W farmaciaclapes.com/tienda

Hospital de la Santa Creu i de Sant Pau
MAPA h1 ■ C/Sant Antoni Maria Claret 167
T 93 291 90 00
W santpau.es

Hospital Dos de Maig
MAPA H1 ■ C/Dos de Maig 301
T 93 507 27 00
W csi.cat

PORTADORES DE DEFICIÊNCIA

Disabled Accessible Travel
W disabledaccessibletravel.com

IMD
W ajuntament.barcelona.cat/accessible

Viajes 2000
W viajes.ilunion.com

Moeda e Bancos

A Espanha usa o euro (€), dividido em 100 centavos. As cédulas são de €5, €10, €20, €50, €100, €200 e €500. As moedas são de €2, €1, 50c, 20c, 10c, 5c, 2c e 1c.

Os caixas automáticos são a maneira mais fácil de obter dinheiro vivo, e um bom modo de escapar da taxa de comissão. Veja com seu banco a taxa bancária que ele cobra.

Os bancos costumam cobrar taxas de câmbio e comissões melhores do que as agências de câmbio, embora as taxas variem entre os bancos.

Os cartões pré-pagos (como Cash Passport) são o jeito mais seguro de carregar dinheiro. Podem ser carregados com euros e usados como cartões de débito, fixando-se a taxa de câmbio antes de viajar.

Os cartões de crédito são amplamente aceitos, exceto em pequenas lojas e restaurantes, mediante um valor mínimo, em geral €6–10. Se seu cartão for roubado ou perdido, informe a polícia e a empresa da bandeira do cartão.

Internet e Telefone

Muitos cafés, hotéis e restaurantes oferecem Wi-Fi de graça. O governo de Barcelona fornece pontos de Wi-Fi grátis na cidade toda.

O DDI da Espanha é 34 e o DDD de Barcelona é 93. Os números de telefones devem ser sempre discados inteiros, incluindo-se o código da cidade.

A maior parte dos celulares funciona na Espanha, mas verifique os custos com a sua operadora. Pense em comprar um cartão SIM local ou cartão pré-pago (ambos amplamente disponíveis) para evitar a cobrança de roaming.

Correio

As principais agências dos **Correos** espanhóis estão abertas das 8h30 às 20h30, de segunda a sexta, e das 9h30 às 13h no sábado. As agências dos subúrbios e de vilarejos abrem das 9h-14h (seg-sex) e 9h30-13h sábado. As caixas de correio são pintadas de amarelo-vivo.

Televisão e Rádio

A televisão pública nacional inclui os canais La Una e La Dos da Televisión Española, o canal público catalão TV3 e o canal da cidade, Barcelona TV. Há vários canais privados, além da TV por satélite. Muitos canais permitem ver os programas na língua original. Vários canais regionais transmitem em catalão, e existem seis estações de rádio espanholas estatais.

Jornais e Revistas

As bancas situadas na Rambla vendem edições internacionais. *La Vanguardia* e *El Periódico* (edições em catalão e espanhol) são os jornais principais da Catalunha. *El País*, *ABC* e *El Mundo* são os jornais espanhóis nacionais. O jornal online em inglês ***The Local*** tem notícias da Espanha, e a revista gratuita ***Barcelona Metropolitan*** (impressa e online) tem informações e artigos sobre assuntos locais. O site **Time Out Barcelona** traz muitas listas de endereços (em catalão, espanhol e inglês), assim como *Què Fem?,* em catalão, publicado na edição de sexta-feira do *La Vanguardia*.

Horários

Os escritórios costumam abrir das 9h às 18h (seg-sex), mas muitas empresas fecham às 14h em agosto, ou fecham o mês todo. Os horários das lojas são: 10h-14h e 16h-20h. As lojas maiores ou de departamentos não fecham no almoço, permanecendo abertas até as 21h ou 22h.

Os bancos em geral abrem das 8h às 14h (seg-sex). Alguns abrem também das 16h às 20h às quintas-feiras e das 8h às 14h aos sábados, exceto de julho a setembro.

Os museus e galerias têm horários próprios, que variam conforme a estação. Verifique nos sites antes da visita.

Grande parte dos bancos, lojas e escritórios fecham nos feriados: 1º de Janeiro, Epifania (6 jan), Sexta-Feira Santa, Domingo de Páscoa, Festa de Sant Jordi (23 abr), 1º de Maio, Festa de Sant Joan (24 jun), Assunção (15 ago), Dia da Catalunha (11 set), Descobrimento da América (12 out), Todos os Santos (1º nov), Dia da Constituição (6 dez), Imaculada Conceição (8 dez), Natal (25 dez) e festa de Sant Esteve (26 dez).

Fuso Horário

A Espanha segue o Horário da Europa Central (em inglês, CET), uma hora a mais do que o Tempo Médio de Greenwich (TMG), e 6 horas adiante do horário-padrão da Costa Leste dos EUA (EST). Os relógios são adiantados em 1 hora no horário de verão, do último domingo de março ao último domingo de novembro.

Aparelhos Elétricos

A Espanha usa tomadas com dois pinos redondos, e a voltagem elétrica em geral é de 230V/50Hz. Os aparelhos brasileiros podem precisar de adaptadores e transformadores.

Carteira de Habilitação

As carteiras europeias e americanas são aceitas na Espanha. Recomenda-se que os visitantes não europeus tenham uma carteira de habilitação internacional. O aluguel de carro requer cartão de crédito e passaporte.

Tempo

O clima é mediterrâneo, com inverno frio e verão quente. Julho e agosto são quentes e úmidos, com temperaturas que chegam a 35°C. Janeiro e fevereiro são os meses mais frios, mas em geral as temperaturas não caem abaixo de 10°C.

Língua

O catalão e o espanhol são as línguas oficiais, e os habitantes usam ambos indiferentemente. Embora falem um pouco de inglês, adoram que os turistas tentem falar uma ou duas palavras em catalão. Os nomes das ruas estão somente em catalão, e os menus em espanhol e catalão, mas raramente em inglês.

Fumar

Fumar é totalmente proibido em hotéis, bares, cafés, restaurantes e nos transportes públicos em toda a Espanha. Não há áreas internas para fumantes, e também é proibido fumar em certas áreas públicas.

Informação aos Visitantes

Uma equipe multilíngue dá informações e mapas gratuitos no escritório principal do **Barcelona Turisme**, na Plaça de Catalunya. Há também serviços de reserva de acomodações, de agência de câmbio e uma loja de lembranças. Há outros escritórios do Barcelona Turisme no aeroporto, em La Rambla, na Estació de Sants e na Plaça de Sant Jaume, e em quiosques na Estació del Nord, Plaça Espanya e outros pontos turísticos.

No verão, funcionários com jaqueta vermelha ficam nas áreas mais visitadas para dar mapas e conselhos. O excelente site do Barcelona Turisme fornece informações, ingressos e permite reservar acomodações. Tem aplicativos bem úteis, como um guia geral da cidade, e guias específicos de Barcelona Medieval, Barcelona Românica e Barcelona de Gaudí. O **Instituto Cultural** do Palau de la Virreina tem informações sobre eventos culturais e artísticos. O site da Câmara Municipal, **La Meva Barcelona**, tem ótimas informações, e o escritório e site do **Turisme de Catalunya** merecem ser checados.

Use aplicativos como: Citymapper (informações sobre transportes), TripAdvisor (avaliações) e Google Translate, válidos para Android e iOS.

ENDEREÇOS

CORREIOS

Correos
W correos.es

JORNAIS E REVISTAS

Barcelona Metropolitan
W barcelona-metropolitan.com

The Local
W thelocal.es

Time Out Barcelona
W timeout.com/barcelona

INFORMAÇÃO AOS VISITANTES

La Meva Barcelona
W lamevabarcelona.com

Barcelona Turisme
MAPA m1 ■ Pl de Catalunya 17
8h30-21h diariam
T 93 285 38 34
W barcelonaturisme.com

Institut de Cultura
MAPA l3
■ La Rambla 99
T 93 316 10 00

Turisme de Catalunya
MAPA e2 ■ Palau Robert, Pg de Gràcia 107
10h-20h seg-sab (até 14h30 dom)
T 93 238 80 91
W catalunya.com

Excursões e Passeios

Existem quase tantos jeitos de visitar Barcelona quanto há visitantes na cidade. Suba ou desça em qualquer parada do **Bus Turístic**, cujas três linhas percorrem os principais pontos turísticos da cidade. A linha vermelha explora a zona norte de Barcelona; a linha azul segue para o sul; e a linha verde percorre a orla marítima (somente de abril a setembro). Existe também um circuito noturno.

Se preferir andar, escolha um dos ótimos passeios temáticos propostos pelo escritório **Barcelona Turisme**, na Plaça Catalunya. O site desse serviço mostra os passeios disponíveis, com desconto se a compra for feita online.

Os amantes da arquitetura *modernista* podem comprar um passeio pela cidade modernista no Barcelona Turisme e visitar locais do bairro Eixample ou seguir a **Ruta del Modernisme** com um mapa gratuito do escritório de turismo.

É fácil alugar bicicleta ou vespa *(p. 135)*, e vários pontos de aluguel propõem passeios de bicicleta pela cidade. A **Bike Tours Barcelona** tem vários passeios temáticos, como o passeio modernista ou a praia, e a **Art Bike Tour** leva os turistas até as principais galerias contemporâneas da cidade. Ou então explore as ruas com a motocicleta vintage Ural com sidecar da **Bright Side Tours**. Se preferir algo diferente, alugue uma bike elétrica na **Barcelona Segway Tours** (com treinamento antes dos passeios) ou um **GoCar**, híbrido de vespa e carro pequeno para duas pessoas. Esses veículos abertos e orientados por GPS são ideais para percorrer os pontos turísticos da cidade e em geral vêm com audioguia incluído.

Veja a cidade do céu nos passeios da **Cat Helicopter**, ou a partir do Mediterrâneo em **Las Golondrinas**, pequenos veleiros, ou num passeio da **Orsom Catamaran**.

Os amantes dos pássaros devem procurar a **Catalan Bird Tours**, que organiza excursões de observação de aves.

Compras

Barcelona é um incrível destino para compras. Tem todas as principais lojas internacionais, além das marcas espanholas, e uma grande escolha de pequenas lojas. Não perca os empórios que vendem presuntos, queijos, azeite de oliva e ótimos vinhos catalães. Verifique se há restrições de importação de alimentos em seu país antes de comprar. Várias lojas oferecem roupas, bijuterias e objetos de decoração originais: os melhores bairros para encontrá-las são El Born, repleto de pequenas butiques estilosas, e Gràcia, com lojas mais arrojadas e artigos bem descolados.

Existem várias pontas de estoque na cidade, em particular nos arredores da **Carrer Girona** *(p. 66)*. **La Roca Village** é um shopping center de ponta de estoque de marcas de designers fora da cidade, perto de Granollers.

Há duas principais épocas de saldos durante o ano, no início de janeiro e a partir de 1º de julho.

Todos os preços já incluem o IVA, atualmente de 21%, sobre a maioria dos bens. A restituição do IVA é possível para compras acima de €90,15 se levadas para fora da UE *(p. 136)*. O formulário, em geral chamado "cheque", deve ser preenchido na loja (nem todas participam do esquema) e carimbado no guichê da alfândega do aeroporto, antes da restituição em casa de câmbio ou banco.

Jantar

A culinária catalã é uma das melhores do mundo, e Barcelona tem grande leque de opções, de bares de tapas à beira-mar e tavernas familiares até restaurantes estrelados no guia Michelin.

Os restaurantes da cidade oferecem cada vez mais opções de culinária internacional, embora ainda menores que as demais principais cidades europeias. As opções vegetarianas e veganas se multiplicaram nos últimos anos. A maior parte dos restaurantes oferece almoços com preços em conta de segunda a sexta-feira, uma ótima maneira de conhecer locais que, de outro modo, podem estar acima do seu orçamento. O site **BCN Restaurantes** é prático para escolher e reservar mesas.

Os horários dos restaurantes costumam ser: 13h30-15h30 para o almoço e 20h30-23h para o jantar. Se quiser jantar mais cedo, escolha bares de tapas, que, em geral, iniciam o serviço a partir das 18h30. Muitos lugares fecham domingo à noite.

Os restaurantes raramente propõem menus infantis, mas as tapas são uma solução ideal se quiser porções menores. Poucos restaurantes têm cadeiras altas, então traga a sua ou ligue antes para se informar.

Os cafés são parte integrante da vida aqui, e servem refeições leves ou lanches com café.

Onde Ficar

Existem opções para todos os gostos e orçamentos na cidade, do estilo minimalista chique com vários serviços até ambientes bem aconchegantes e familiares.

As acomodações seguem as seguintes categorias: hotéis, de uma a cinco estrelas; *hostels*, simples pousadas que se parecem com hotéis (diferentes dos albergues da juventude); B&Bs; apartamentos para férias; albergues da juventude, em geral com dormitórios; e residências estudantis, que oferecem acomodações baratas durante as férias de verão. Não existem acampamentos dentro da cidade, mas há alguns a poucos quilômetros de trem ou ônibus do centro.

Os preços são mais altos durante as altas temporadas, como a Páscoa ou o Natal, as feiras comerciais, e nas noites de sexta-feira e sábado. Porém caem bastante entre meados de janeiro e a véspera da Páscoa, em especial na categoria dos flats. O site Barcelona Turisme tem uma longa lista de acomodações em todas as categorias, e hoje cerca de 300 estabelecimentos aceitam reservas por esse site. **Barcelona Hotels** é o site de reserva oficial da associação de hotéis da cidade. O **Hostelling International** ajuda a achar e reservar quartos de hotel. **BudgetPlaces**, **Oh-Barcelona**, **Airbnb**, **HostelWorld**, **Hotels.com** e **TripAdvisor** têm sites que ajudam a escolher e reservar acomodações, mas é recomendável verificar o preço junto aos estabelecimentos antes de reservar online.

Barcelona é barulhenta, e é aconselhável levar protetores de ouvido, independentemente da categoria de hotel em que for ficar. Muitos lugares oferecem quartos mais escuros, porém afastados das ruas; os quartos mais claros costumam ter sacadas, mas podem padecer do ruído da rua.

LISTA DE ENDEREÇOS

EXCURSÕES/PASSEIOS

Art Bike Tour
W artbiketour.com

Bike Tours Barcelona
W biketoursbarcelona.com

Barcelona Turisme
W barcelonaturisme.com

Bus Turístic
W barcelonabusturistic.cat

Catalan Bird Tours
W catalanbirdtours.com

Cat Helicopters
W cathelicopters.com

GoCar
T 93 269 17 92
W gocarbarcelona.com

Las Golondrinas
W lasgolondrinas.com

Orsom Catamaran
W barcelona-orsom.com

Bright Side Tours
W brightsidetours.com

Ruta del Modernisme
W rutadelmodernisme.com

Segway Tours
W barcelonasegwaytour.com

COMPRAS

La Roca Village
W larocavillage.com

JANTAR

BCN Restaurantes
W bcnrestaurantes.com

ONDE FICAR

Airbnb
W airbnb.com

Barcelona Hotels
W barcelonahotels.es

BudgetPlaces
W budgetplaces.com

Hostelling International
W hihostels.com

HostelWorld
W hostelworld.com

Hotels.com
W hotels.com

Oh-Barcelona
W oh-barcelona.com

TripAdvisor
W tripadvisor.com

Onde Ficar

CATEGORIAS DE PREÇO
Para quarto de casal padrão por noite (café da manhã, se incluso), com as taxas e sobretaxas.

€: abaixo de € 120 €€: € 120-240 €€€: acima de € 240

Hotéis de Luxo

Granados 83

MAPA E2 ■ C/Enric Granados 83 ■ 93 492 96 70 ■ DA ■ www.hotelgranados83.com ■ €€
Nesse hotel de designer os quartos são decorados com madeira africana, couro marrom-chocolate e peças originais hindus e budistas. As suítes têm terraço privado dando para uma piscina de mergulho. Há um restaurante e uma linda piscina na cobertura, com um bar descolado.

ABaC Restaurant & Hotel

MAPA B1 ■ Av Tibidabo 1 ■ 93 319 66 00 ■ DA ■ www.abacbarcelona.com ■ €€€
Esse hotel-butique, num prédio tombado, tem instalações luxuosas, perfeitas para poucos hóspedes. Os lindos 17 quartos são decorados em estilo minimalista e contemporâneo. Há um spa com banho turco e Jacuzzi, e um pequeno jardim. Abriga um dos melhores restaurantes da cidade, ABaC, do chef Jordi Cruz, com duas estrelas no guia Michelin.

Casa Camper

MAPA L2 ■ C/Elisabets 11 ■ 93 342 62 80 ■ DA ■ www.casacamper.com ■ €€€
Numa casa do século XIX, esse hotel tem toques de design inovador e confortável. Propõe quartos luxuosos, terraço na cobertura, incrível jardim vertical e bar 24 horas. O restaurante Dos Palillos está sob o comando de Albert Raurich, ex-chef de El Bulli. Com uma estrela no guia Michelin, serve pratos asiáticos criativos no estilo de tapas.

Fairmont Rey Juan Carlos I

Av Diagonal 661-671 ■ 93 364 40 40 ■ DA ■ www.fairmont.com/barcelona ■ €€€
Esse grande conjunto inclui um jardim privativo, duas piscinas, um spa e sala de conferências para 2.500 pessoas. Os amplos quartos são decorados em estilo contemporâneo. Os andares superiores oferecem uma vista única para a cidade e as montanhas.

Grand Hotel Central

MAPA E4 ■ Via Laietana 30 ■ 93 295 79 00 ■ www.grandhotelcentral.com ■ €€€
Esse grande e elegante hotel está situado perto do Barri Gòtic e de El Born. Tem funcionários atenciosos, academia e restaurante que serve sobremesas da chef Mey Hofmann, premiada pelo guia Michelin. Mas o destaque do hotel é a piscina de borda infinita na cobertura, com incrível vista da cidade.

Hotel Arts Barcelona

MAPA G5 ■ C/Marina 19-21 ■ 93 221 10 00 ■ DA ■ www.hotelartsbarcelona.com ■ €€€
O mais imponente dos hotéis cinco estrelas da cidade situa-se a poucos passos do mar, com amplos quartos e restaurantes de primeira linha. A enoteca, do chef catalão Paco Pérez (do restaurante Miramar da Costa Brava), oferece uma criativa culinária mediterrânea e tem duas estrelas no guia Michelin. A piscina externa no primeiro andar tem uma vista fantástica.

Hotel Omm

MAPA E2 ■ C/Rosselló 265 ■ 93 445 40 00 ■ DA ■ www.hotelomm.es ■ €€€
Projetado pelo premiado arquiteto catalão Juli Capella, é um dos hotéis mais descolados da cidade. O excelente restaurante Roca Moo *(p. 113)*, do chef Juan Pretel, tem uma estrela no guia Michelin e supervisão dos irmãos Roca, do fabuloso El Celler de Can Roca *(p. 131)*. O Roca Bar do saguão é ótimo para lanchar a qualquer hora. Tem um ótimo spa e vista esplêndida do deque da cobertura e da piscina.

Majestic Hotel & Spa

MAPA E2 ■ Pg de Gràcia 68 ■ 93 492 22 44 ■ DA ■ www.hotelmajestic.es ■ €€€
O serviço impecável e a monumental decoração

são as marcas desse hotel de nome adequado. Ao sair pelas robustas portas de cobre e vidro, você se encontra a poucos passos das joias modernistas de Eixample. A piscina de mergulho da cobertura tem uma linda vista para a paisagem urbana de Barcelona e a incrível obra-prima de Gaudí, a Sagrada Família.

El Palace Barcelona Hotel

MAPA F3 ■ Gran Via de les Corts Catalanes 668 ■ 93 510 11 30 ■ DA ■ www.hotelpalace barcelona.com ■ €€€

Esse luxuoso hotel é sinônimo de tradição e estilo, como a linda fachada neoclássica de 1919, as amplas áreas públicas e o excelente serviço. O restaurante Caelis, com uma estrela no guia Michelin, exala toda a elegância do século XIX e oferece um menu gourmet inovador criado pelo chef Romain Fornell.

W Barcelona

MAPA E5 ■ Pl de la Rosa dels Vents 1 ■ 93 295 28 00 ■ DA ■ www.w-barcelona.com ■ €€€

Popularmente conhecido como Hotel Vela, por causa da sua forma de vela e pela localização à beira-mar, esse luxuoso hotel cinco estrelas tem uma vista insuperável para a orla marítima. Com enormes janelas do chão ao teto, é fácil imaginar que estamos num navio. O hotel tem luxuosos equipamentos, uma piscina de 700m² na cobertura, um spa e 6 bares e restaurantes projetados por designers.

Hotéis Históricos

Hotel Duquesa de Cardona

MAPA M6 ■ Pg Colón 12 ■ 93 268 90 90 ■ DA ■ www.hduquesade cardona.com ■ €€

A residência do século XVI da família nobre Cardona costumava hospedar a corte real em suas visitas à cidade. Hoje, esse hotel estiloso combina a estrutura original com decoração de vanguarda e equipamentos modernos. O terraço da cobertura tem piscina de mergulho e ótima vista para a área de Port Vell.

Hotel España

MAPA L4 ■ C/Sant Pau 9 ■ 93 550 00 00 ■ DA ■ www.hotelespanya. com ■ €€

Essa pequena joia do modernismo catalão fica num prédio de 1850, renovado em 1903 pelo arquiteto modernista Lluís Domènech i Montaner, o artista Ramón Casas e o escultor Eusebi Arnau, que esculpiu a esplêndida lareira de alabastro. Na cobertura, há uma piscina e um solário, e o restaurante Fonda España, dirigido por Martín Berasategui, chef estrelado no Michelin.

Mesón Castilla Atiram

MAPA L1 ■ C/Valldonzella 5 ■ 93 318 21 82 ■ www. atiramhotels.com/en/ hotels/barcelona/hotel-meson-castillaatiram ■ €€

Joia histórica no coração de El Raval, esse hotel tradicional, situado numa casa do começo do século XX, brilha pela qualidade do seu atendimento. Do opulento salão do primeiro andar aos belos quartos – todos com móveis antigos –, esse hotel é uma chance de voltar no tempo.

Monument

MAPA E2 ■ Pg de Gràcia 75 ■ 93 548 20 00 ■ www. monument-hotel.com ■ €€€

Esse antigo palácio neogótico, no elegante Passeig de Gràcia, foi transformado em hotel de luxo com toque artístico e peças contemporâneas. Embora seja tentador pedir um quarto dando para a rua, os quartos de trás dão para um típico pátio de Eixample e são muito mais tranquilos.

Casa Fuster

MAPA E1 ■ Pg de Gràcia 132 ■ 93 255 30 00 ■ DA ■ www.casafuster.com ■ €€€

Originalmente projetado por Domènech i Montaner, esse hotel é um dos mais prestigiosos e luxuosos da cidade. Os detalhes modernistas foram mantidos e lindamente incorporados a equipamentos do século XXI.

Gran Hotel La Florida

MAPA B1 ■ Ctra Vallvidrera al Tibidabo 83-93 ■ 93 259 30 00 ■ DA ■ www. hotellaflorida.com ■ €€€

Situado numa vila modernista no alto de Tibidabo, esse hotel de luxo manteve sua lendária vista para a cidade desde 1924, quando foi erguido para o dr. Andreu, farmacêutico e filantropo.

Entre seus hóspedes estiveram Hemingway e a rainha Fabíola da Bélgica. A reforma de 2001 lhe devolveu a antiga glória.

Hotel 1898

MAPA L2 ■ La Rambla 109 ■ 93 552 95 52 ■ DA ■ www.hotel1898.com ■ €€€

Esse hotel chique manteve aspectos do prédio original, como a porta giratória do início do século XX, e acrescentou equipamentos modernos, como a piscina, o spa e a cademia, e tem um bom restaurante.

Hotel Claris

MAPA E2 ■ C/Pau Claris 150 ■ 93 487 62 62 ■ DA ■ www.hotelclaris.com ■ €€€

Esse palácio do século XIX já foi a casa dos condes de Vedruna. Tem um pequeno museu de arte egípcia do Antigo Império ao período romano, sendo que alguns dos objetos decoram as suítes. Os hóspedes que compram o Pacote Arte têm entrada livre no MNAC e no Museu Egipci *(p. 109)*, dirigido pelo proprietário.

Hotel Neri

MAPA M3 ■ C/Sant Sever 5 ■ 93 304 06 55 ■ www.hotelneri.com ■ €€€

Esse antigo palácio do século XVII, no coração do Barri Gòtic, oferece uma combinação exclusiva de história, vanguarda e glamour. Há uma livraria, um solário e um terraço na cobertura, com vista para a catedral.

Mercer Hotel

MAPA N4 ■ C/Lledó 7 ■ 93 310 74 80 ■ DA ■ www.mercerbarcelona.com ■ €€€

Esse hotel-butique, na parte antiga da cidade, tem 28 quartos amplos. Alguns elementos, como o teto com vigas, são originais, mas a atual decoração tem um toque de design de vanguarda. A piscina da cobertura oferece uma linda vista, além de um bar de coquetéis e restaurante.

Estadias Centrais

chic&basic Born

MAPA P4 ■ C/Princesa 50 ■ 93 295 46 52 ■ www.chicandbasic.com ■ €€

Essa casa do século XIX faz sucesso junto ao pessoal da moda. Os quartos são minimalistas, com banheiros de aço e vidro, e luzes de LED coloridas. Oferece aluguel de bicicleta e de pranchas de stand-up paddle, e há uma área comum para o convívio com outros hóspedes.

Hotel Banys Orientals

MAPA N4 ■ C/Argenteria 37 ■ 93 268 84 60 ■ www.hotelbanysorientals.com ■ €€

Atrás da fachada tradicional há um hotel moderno e aconchegante. As suítes mais luxuosas ficam em um prédio separado. O restaurante Senyor Parellada serve excelente culinária catalã, com especialidades como o *bacalao* e a linguiça *butifarra*. Próximos, a catedral, o Museu Picasso e a praia de Barceloneta.

Hotel Colón

MAPA N3 ■ Av de la Catedral 7 ■ 93 301 14 04 ■ www.colonhotelbarcelona.com ■ €€

O charmoso e familiar Hotel Colón, no Barri Gòtic, tem decoração tradicional, com espelhos e pinturas a óleo. A vista da catedral e da Plaça de la Seu é incrível. Entre os hóspedes mais famosos: Sartre, Arata Isozaki e Joan Miró, que ali residiu nos anos 1960 e 1970.

Hotel Constanza

MAPA F3 ■ C/Bruc 33 ■ 93 270 19 10 ■ DA ■ www.hotelconstanza.com ■ €€

Esse elegante hotel, de tamanho médio, fica perto dos pontos turísticos de Eixample. Alguns dos quartos têm terraço. O restaurante Bruc 33, ao lado, serve tapas caseiras e pratos mediterrâneos.

Hotel Jazz

MAPA L1 ■ C/Pelai 3 ■ 93 552 96 96 ■ DA ■ www.hoteljazz.com ■ €€

O moderno Hotel Jazz pode não ser a opção mais pitoresca, mas é situado no centro, tem ótimos equipamentos e piscina na cobertura. Os preços são em conta e os funcionários estão sempre dispostos a ajudar e dar sugestões.

Hotel Soho Barcelona

MAPA D3 ■ Gran Vía Corts Catalanes 543 ■ 93 552 96 10 ■ DA ■ www.hotelsohobarcelona.com ■ €€

O famoso arquiteto espanhol Alfredo Arribas projetou esse estiloso hotel contemporâneo.

No coração de Eixample, é perfeito para fazer compras, turismo e curtir a noite. Na cobertura, a piscina tem linda vista.

Park Hotel

MAPA F5 ■ Av Marquès de l'Argentera 11 ■ 93 319 60 00 ■ www.parkhotelbarcelona.com ■ €€

Hotel dos anos 1950 em estilo clássico, com linda

escadaria, o Park Hotel foi renovado pelo filho do arquiteto original. Seus quartos são pequenos, mas confortáveis, alguns com sacada. Fica perto das casas noturnas e das lojas da moda de El Born.

Room Mate Emma

MAPA E2 ■ C/Rosselló 205 ■ 93 238 56 06 ■ emma.room-matehotels.com ■ €€

Ótima opção para quem gosta de algo estiloso e em conta, o Room Mate Emma oferece quartos pequenos, porém bem projetados, no centro da cidade. Não possui restaurante, mas a equipe dá recomendações.

Mandarin Oriental Barcelona

MAPA E3 ■ Pg de Gràcia 38-40 ■ 93 151 88 88 ■ DA ■ www.mandarinoriental.com/barcelona ■ €€€

Esse hotel luxuoso possui quartos que dominam o icônico Passeig de Gràcia ou o lindo jardim interno. Tem spa e um terraço na cobertura com piscina. O restaurante gourmet, Moments, com ótima culinária catalã e duas estrelas no guia Michelin, é dirigido pela chef Carme Ruscalleda do famoso Sant Pau *(p. 131)* – a qual acumula sete estrelas no Michelin – e por seu filho Raül Balam.

Pullman Barcelona Skipper

MAPA G6 ■ Av Litoral 10 ■ 93 221 65 65 ■ DA ■ www.pullman-barcelona-skipper.com ■ €€€

Dominando o mar perto da praia, o Pullman é perfeito para curtir o verão. Ideal para quem viaja a negócios, tem todos os equipamentos esperados de um hotel cinco estrelas. Oferece pacotes mais em conta no final de semana.

Hotéis de Preço Médio

Circa 1905

MAPA E2 ■ C/Provença 286 ■ 93 505 69 60 ■ www.circa1905.com ■ €€

Trata-se de um novo tipo de B&B butique. Tem apenas nove quartos (um com terraço privado) numa linda casa modernista. Mobiliado com peças antigas e contemporâneas, tem lounge elegante para ler ou tomar um drinque.

Hotel Barcelona Catedral

MAPA M3 ■ C/Capellans 4 ■ 93 304 22 55 ■ www.barcelonacatedral.com ■ €€

Admire a incrível vista para o Barri Gòtic do terraço na cobertura desse hotel moderno, que tem piscina de mergulho e pequena academia. Os quartos são espaçosos e claros, o serviço é excelente e os preços são bem em conta fora de estação. Oferece aulas de culinária e organiza passeios a pé pelo bairro (quarta-feira e domingo).

Hotel Ciutat Vella

MAPA L1 ■ C/Tallers 66 ■ 934 81 37 99 ■ www.hotelciutatvella.com ■ €€

Com quartos modernos de cores vivas, essa opção bem em conta fica a 5 minutos a pé de La Rambla. Alguns quartos têm um pequeno terraço, e há uma piscina com deque para tomar sol na cobertura.

Hotel Granvia

MAPA F3 ■ Gran Vía de les Corts Catalanes ■ 642, 93 318 19 00 ■ www.hotelgranvia.com ■ €€

Totalmente reformada em 2013, essa opulenta casa do fim do século XIX, construída para um filantropo de Barcelona, tem na entrada uma cúpula de vitrais, escadaria de conto de fada e um lindo teto de estuque. Os quartos têm decoração moderna sutil, e há um charmoso pátio escondido nos fundos.

H10 Art Gallery

MAPA E2 ■ C/Enric Granados 62 ■ 932 14 20 30 ■ www.h10hotels.com ■ €€

Colorido, contemporâneo e muito chique, o H10 Art Gallery tem um lindo pátio interno e terraço na cobertura, com piscina de mergulho. Os quartos são claros e minimalistas, e cada andar é inspirado em um artista diferente, de Miró a Lichtenstein. Fica numa das mais belas ruas de Barcelona e conta com restaurante próprio e um café-bar.

Musik Boutique Hotel

MAPA P3 ■ C/Sant Pere Més Baix 62 ■ 93 222 55 44 ■ www.musikboutiquehotel.com ■ €€

Próximo do magnífico Palau de la Música, esse pequeno hotel, muito convivial, esconde sua decoração contemporânea por trás de uma fachada do século XVIII. Os quartos são amplos e possuem terraço privativo.

***Veja as categorias de preço dos hotéis na** p.142*

Praktik Vinoteca

MAPA E3 ■ C/Balmes 51 ■ 93 454 50 28 ■ www.hotelpraktikvinoteca.com ■ €€

Se você procura algo estiloso e em conta, o ideal é esse hotel-butique de Eixample, com sua temática de vinhos e quartos pequenos, mas bem projetados. Desfrute a bela gama de vinhos locais – quase 900 rótulos à vista – no aconchegante bar do saguão. Possui também um pequeno terraço, rodeado de plantas.

Primero Primera

MAPA B1 ■ C/Doctor Carulla 25-29 ■ 93 417 56 00 ■ www.primeroprimera.com ■ €€

Esse luxuoso hotel na elegante área de Sant Gervasi combina o chique vintage com a sofisticação contemporânea. Há um lounge aconchegante com lareira e poltronas de couro, além de um jardim romântico com pequena piscina e espreguiçadeiras.

Villa Emilia

MAPA C3 ■ C/Calàbria 115 ■ 93 252 52 85 ■ www.hotelvillaemilia.com ■ €€

Fora dos circuitos habituais, mas perto do descolado bairro de Sant Antoni, repleto de lojas e bares, esse simpático hotel tem quartos elegantes, um terraço na cobertura para churrascos no verão e, no inverno, coquetéis com aquecimento. No saguão, o bar exibe shows de jazz.

Violeta Boutique

MAPAS F3 e N1 ■ C/Caspe 38 ■ 93 302 81 58 ■ violetaboutique.com ■ €€

Cada um dos amplos quartos dessa linda pousada tem decoração própria, e os hóspedes podem sentar na varanda para tomar uma bebida ou ler. Há também um pequeno apartamento com cozinha e terraço.

Hotéis Econômicos

Bonic

MAPA L6 ■ C/Josep Anselm Clavé 9 ■ 62 605 34 34 (celular) ■ www.bonic-barcelona.com ■ €

Opção bem em conta, esse charmoso hotel tem quartos elegantes e oferece atenções extras, como chá, café, biscoitos gratuitos e roupões. Os banheiros, no entanto, são compartilhados.

chic&basic Zoo

MAPA Q4 ■ Pg Picasso 22 ■ 93 295 46 52 ■ www.chicandbasic.com ■ €

Pertencente à rede chic&basic, esse pequeno hotel se situa em um prédio histórico no coração do bairro de El Born, em frente ao Parc de la Ciutadella. Os quartos maiores têm sacada para o parque.

El Balcon del Born

MAPA P5 ■ C/Rera Palau 2 ■ 63 452 45 05 (celular) ■ www.elbalcondelborn-barcelona.com ■ €

No descolado bairro de El Born, essa pousada tem 10 quartos charmosos (com banheiros privados ou compartilhados). Cada um tem sua decoração própria e sacada. Reserve com antecedência.

El Jardí

MAPA M3 ■ Pl Sant Josep Oriol 1 ■ 93 301 59 00 ■ www.eljardi-barcelona.com ■ €

No coração do Barri Gòtic, Esse hotel tem quartos simples, mas impecáveis, decorados com madeiras claras e cores leves. O salão do café da manhã tem sacadas para a praça.

Hostal Goya

MAPA N1 ■ C/Pau Claris 74 ■ 93 302 25 65 ■ www.hostalgoyabarcelona.com ■ €

Esse hotel foi inaugurado em 1952. Os quartos são claros e modernos, com toques de design. A maior parte deles tem banheiro privativo; alguns têm ar-condicionado.

Hostal Oliva

MAPA E3 ■ Pg de Gràcia 32 ■ 93 488 01 62 ■ Não aceita cartões de crédito ■ www.hostaloliva.com ■ €

Desde os sabonetes, bem embalhados individualmente, até o lindo elevador vintage, esse hotel charmoso e familiar é um dos melhores da cidade. O lindo prédio modernista possui quartos arejados, alguns com banheiro.

Market

MAPA D3 ■ Comte Borrell 68 ■ 93 325 12 05 ■ www.andilanahotels.com/es/hoteles/hotelmarket ■ €

Nas vizinhanças do mercado modernista de Sant Antoni, os quartos desse elegante hotel têm um toque oriental, com madeiras envernizadas e cores nos tons vermelho, branco e preto. Reserve com certa antecedência.

Sol y k

MAPA M5 ■ C/Cervantes 2 ■ 93 318 81 48 ■ www.solyk.es ■ €

Uma opção econômica no coração do Barri Gòtic. Um punhado de quartos com decoração própria, cabeceiras de mosaico e arte original diferencia o Sol y k das outras pousadas. Alguns quartos têm banheiro privativo. Rede Wi-Fi gratuita.

Hotel Acta Mimic

MAPA K5 ■ C/Arc del Teatre 58 ■ 93 329 94 50 ■ DA ■ www.hotel-mimic.com ■ €€

Perto de La Rambla, esse hotel fica em um prédio que já abrigou um teatro. Os quartos são claros, com amplas janelas e a decoração moderna é impecável. Os hóspedes podem relaxar nas redes do terraço da cobertura, que funciona também como um solário, com vista para a cidade velha e o porto.

Praktik Rambla

MAPA E3 ■ Rambla de Catalunya 27 ■ 93 343 66 90 ■ www.hotelpraktikrambla.com ■ €€

Esse hotel econômico e central fica numa casa modernista. Os azulejos e a carpintaria originais, do começo do século XX, contrastam com os móveis contemporâneos. Possui poucos quartos e é preciso reservar com antecedência.

Acampamentos e Flats

Aparthotel Atenea

C/Joan Güell 207-211 ■ 93 490 66 40 ■ www.aparthotelatenea.com ■ €

Projetado para viajantes a negócios, esse flat de alto nível fica ao lado do bairro financeiro e comercial, no alto da Diagonal. Tem quartos amplos e bem equipados, várias salas de conferência e uma lavanderia 24 horas.

Aparthotel Bertran

C/de Bertran 150 ■ 93 212 75 50 ■ www.bertran-hotel.com ■ €

Esse flat tem amplos estúdios e apartamentos (muitos com sacada), piscina na cobertura, uma pequena academia e lavanderia 24 horas. O café da manhã é servido no apartamento.

Camping Barcelona

Ctra N-II, Km 650, 8 km a leste de Mataró ■ 93 790 47 20 ■ DA ■ Fechado nov-mar ■ www.campingbarcelona.com ■ €

Localizado 28 km ao norte da cidade, fica ao lado de uma pequena praia e perto de outras maiores. Aluga chalés e lotes para acampar.

Camping Globo Rojo

Ctra N-II km 660, 9, Canet de Mar ■ 93 794 11 43 ■ DA ■ fechado out-mar ■ www.globo-rojo.com ■ €

Próximo às praias de Canet de Mar, Globo Rojo oferece lotes para acampar, trailers e chalés, além de outras acomodações. Possui uma piscina, um campo de tênis e um de futebol. Ótimo para crianças. Há ônibus e trem direto para Barcelona.

Camping Masnou Barcelona

C/Camil Fabra 33 (N-II, km 663), El Masnou ■ 93 555 15 03 ■ DA ■ cartão de crédito mínimo €100 ■ www.campingmasnoubarcelona.com ■ €

Localizado 11 km ao norte de Barcelona, esse acampamento familiar à beira-mar fica junto a uma pequena praia. Oferece lotes sombreados para acampar e quartos. Bem equipado, conta com piscina e supermercado, além de um bar-terraço com Wi-Fi.

Camping Roca Grossa

Ctra N-II km 665, Calella ■ 93 769 12 97 ■ fechado out-mar ■ www.rocagrossa.com ■ €

Entre as montanhas e o mar, esse acampamento moderno possui boas instalações e acesso a uma praia próxima. Tem uma piscina grande, restaurante e bar, e dista apenas 1 km do animado resort de Calella. Aluga lotes e chalés.

Camping Sitges

Ctra Comarcal C-246a, km 38, Sitges ■ 93 894 10 80 ■ fechado meados out-meados mar ■ www.campingsitges.com ■ €

Esse pequeno acampamento bem cuidado tem piscina, área para crianças e supermercado. Situa-se a 2 km ao sul de Sitges, perto de praias famosas.

Camping Tamariu

C/Costa Rica 2, 5 km a leste de Palafrugell, perto de Tamariu ■ 97 262 04 22 ■ fechado out-abr ■ www.campingtamariu.com ■ €

Esse acampamento bem cuidado fica na Costa Brava, perto de Tamariu, lindo balneário com bares, restaurantes e comércio. Está situado a 200 m da praia.

***Veja as categorias de preço dos hotéis na** p.142*

Citadines

MAPA L2 ■ La Rambla 122 ■ 93 270 11 11 ■ www.citadines.com ■ €€

Os amantes da cidade devem ficar nesse flat em estadias maiores. Situado na Rambla, tem estúdios bem equipados, pequenos apartamentos com quitinete, ferro de passar e aparelho de som. Para relaxar, há o solário da cobertura, com cadeiras de praia e chuveiro.

Oh-Barcelona

93 467 37 79 ■ www.oh-barcelona.com ■ €€

Essa empresa tem muitos apartamentos dentro e nos arredores da cidade. O preço do apartamento de uma cama varia de € 55 a € 160 por noite.

Albergues e Residências Estudantis

Be Dream Hostel Barcelona

Av Alfonso XIII 28b, Badalona ■ 93 399 14 20 ■ www.behostels.com/dream ■ €

A 20 minutos de metrô do centro da cidade, mas perto das praias, esse hostel, bem em conta, tem quartos e dormitórios para 2 a 12 pessoas. A cozinha e a lavanderia estão inclusas.

Downtown Hostel

MAPA K4 ■ C/Junta de Comerç 13 ■ 93 302 61 34 ■ www.hostaldowntownbarcelona.com ■ €

Administrado por quatro ex-viajantes, esse hostel atrai jovens mochileiros. É central, não tem limite de horário, fornece lençóis e cobertores e possui quartos com ou sem banheiro.

Equity Point Centric Hostel

MAPA E3 ■ Pg de Gràcia 33 ■ 93 231 20 45 ■ www.equity-point.com ■ €

Situado em um prédio modernista renovado, esse hostel tem amplos dormitórios e quartos simples e duplos com banheiro privativo. Há uma sala comum com bar, internet grátis e TV via satélite.

Equity Point Gothic Hostel

MAPA N4 ■ C/Vigatans 5 ■ 93 268 78 08 ■ www.equity-point.com ■ €

Esse hostel central e bem cuidado tem dormitórios para 6 a 18 pessoas. A diária inclui o café da manhã e 24 horas de acesso à internet. Todos os quartos têm ar-condicionado.

Feetup Garden House Hostel

C/ d'Hedilla 58 ■ 93 427 24 79 ■ www.feetuphostels.com ■ €

Esse simpático hostel nos arredores da cidade, perto do lindo Park Güell de Gaudí, fica a apenas 15 minutos de metrô do centro. Com um lindo jardim e terraço na cobertura, oferece um ótimo ambiente.

Itaca Hostel

MAPA N3 ■ C/Ripoll 21 ■ 93 301 97 51 ■ www.itacahostel.com ■ €

No coração do Barri Gòtic, esse bom hostel tem apartamentos, quartos duplos para 30 pessoas e dormitórios para até 6 pessoas. A roupa de cama e o guarda-volumes estão inclusos no preço. Tem Wi-Fi no prédio principal.

Kabul Hostel

MAPA L4 ■ Pl Reial 17 ■ 93 318 51 90 ■ www.kabul.es ■ €

O Kabul é apreciado por jovens mochileiros, por isso é muito frequentado (e barulhento). Seus dormitórios, com ar-condicionado e alguns com sacada, hospedam de 4 a 20 pessoas. Tem internet grátis, lavanderia, guarda-volumes e um café aberto de dia.

Melon District

MAPA D4 ■ Av Paral·lel 101 ■ 93 217 88 12 ■ www.melondistrict.com ■ €

Em parte residência estudantil, em parte hostel, o Melon District tem acomodações para estadias curtas e longas. Os quartos são pequenos, mas bem equipados. Há uma piscina na cobertura.

Sant Jordi Apartment Sagrada Família

MAPA E2 ■ C/Freser 5 ■ 93 446 05 17 ■ www.santjordihostels.com ■ €

O endereço mais confortável do grupo Sant Jordi em Barcelona oferece hospedagem familiar e descontraída. Cada unidade tem cozinha equipada, sala de estar e um ou dois banheiros, um quarto privado, outro duplo e um dormitório. Apartamentos inteiros podem ser alugados para hospedar famílias e grupos.

Mambo Tango

MAPA C4 ■ C/Poeta Cabanyes 23 ■ 93 442 51 64 ■ www.hostelmambotango.com ■ €

Os ex-viajantes Toto e Marino cuidam desse hostel aconchegante. Tem dormitórios para quatro, seis, oito e nove pessoas. O café da manhã e o aluguel de lençóis estão inclusos no preço, e os extras incluem um cinema caseiro. Não são permitidas festas, o que garante boas noites de sono durante a estadia.

Escapadas Fora de Barcelona

Ca l'Aliu

C/Roca 6, Peratallada, 12 km ao noroeste de Palafrugell ▪ 97 263 40 61 ▪ www.calaliu.com ▪ €

Na pequena cidade medieval de Peratallada fica essa casa rural do século XVIII, restaurada. Os quartos, confortáveis e aconchegantes, têm mobília antiga e banheiro próprio. Os donos alugam bicicletas, e a cidade e os vilarejos da região oferecem muitas atividades esportivas.

Fonda Biayna

C/de Sant Roc 11, Bellver de Cerdanya ▪ 97 351 04 75 ▪ www.fondabiayna.com ▪ €

O Fonda Biayna funciona desde os anos 1820. O teto forrado de madeira e os móveis antigos lhe dão um aspecto rústico. Seu hóspede mais famoso foi Picasso, que chegou aqui viajando de mula, indo para Paris carregado de pinturas.

Hostal Sa Tuna

Pg de Ancora 6, Platja Sa Tuna, 5 km ao norte de Begur ▪ 97 262 21 98 ▪ fechado out-mar ▪ www.hostalsatuna.com ▪ €€

Aprecie a vista do terraço nesse hotel familiar com apenas cinco quartos na linda Platja Sa Tuna. O restaurante serve ótimos pratos catalães e o café da manhã está incluído no preço do quarto.

Hotel Aigua Blava

Platja de Fornells, Begur ▪ 97 262 20 58 ▪ fechado meados out-fim de mar ▪ www.hotelaiguablava.com ▪ €€

Essa instituição da costa, no alto de falésias que dominam o mar, pertence à mesma família há quatro gerações. Muitos quartos – cada um com decoração própria – dão para o Mediterrâneo. Há uma grande piscina externa e o café da manhã está incluso no preço. É possível alugar apartamentos.

Hotel Aiguaclara

C/Sant Miquel 2, Begur ▪ 97 262 29 05 ▪ www.hotelaiguaclara.com ▪ €€

Esse hotel charmoso, numa vila colonial caiada de 1866, no centro da cidade, foi construído por um "indiano" de Begur – apelido dado localmente àqueles que fizeram fortuna em Cuba no início do século XIX. Os lindos quartos mesclam móveis contemporâneos e itens originais. O ótimo restaurante, com serviço ímpar, é ideal para estadias românticas.

Hotel Blau Mar

C/Farena 36, Llafranc ▪ 97 261 00 55 ▪ hotelblaumarllafranc.com ▪ €€

Delicioso hotel em um vilarejo à beira-mar, Blau Mar tem quartos com decoração tradicional (em geral com terraço), lindo jardim e piscina com vista para o mar. Ideal para fazer passeios e visitar as angras nos arredores.

Hotel Històric

C/Belmirall 4a, Girona ▪ 97 222 35 83 ▪ www.hotelhistoric.com ▪ €€

Situado no coração do bairro velho, na esquina da catedral, é ideal para explorar Girona. É possível escolher entre quartos e apartamentos com cozinha.

Parador de Tortosa

Castillo de la Zuda, Tortosa ▪ 97 744 44 50 ▪ www.parador.es ▪ €€

Dominando a cidade de Tortosa, o antigo Castillo de la Zuda, construção árabe, hoje abriga esse *parador*. A decoração é tradicional, com móveis de madeira escura e acessórios antigos. A vista da zona rural e das montanhas é magnífica.

Val de Neu

C/Perimetrau s/n ▪ 97 363 50 00 ▪ www.hotelbaqueiravaldeneu.com ▪ fechado maio-set ▪ €€

Talvez o mais suntuoso hotel de esqui no resort chique de Baqueria Beret, Val de Neu fica bem ao lado das pistas. Entre os equipamentos cinco estrelas estão o spa, a piscina e um conjunto de restaurantes.

El Castell de la Ciutat

Crta N-260, km 229, La Seu d'Urgell ▪ 97 335 00 00 ▪ www.hotelelcastell.com ▪ €€€

Localizado ao lado de um castelo do século XVI, esse hotel oferece o mais alto luxo no coração dos Pireneus. Possui dois restaurantes, um spa, um lindo jardin e piscinas ao ar livre. São maravilhosas as vistas sem fim das montanhas.

***Veja as categorias de preço dos hotéis na** p.142*

Índice

Números de páginas em **negrito** referem-se a destaques Top 10.

Agradecimentos

Os autores

Escritora de viagens, repórter e editora, AnneLise Sorensen é parte catalã e já morou e trabalhou em Barcelona. Escreveu nos quatro continentes, e colabora com guias, revistas e jornais.

Ryan Chandler, escritor e jornalista, trabalha em Barcelona há mais de dez anos. Atualmente é correspondente em Barcelona para a revista espanhola The Broadsheet.

Colaboradora adicional
Mary-Ann Gallagher

Diretor de publicações Georgina Dee

Publisher Vivien Antwi

Diretor de arte Phil Ormerod

Editorial Ankita Awasthi-Tröger, Michelle Crane, Rachel Fox, Fíodhna Ní Ghríofa, Freddie Marriage, Scarlett O'Hara, Sally Schafer, Jackie Staddon, Christine Stroyan

Diagramação Tessa Bindloss, Richard Czapnik

Pesquisa iconográfica Phoebe Lowndes, Susie Peachey, Ellen Root, Oran Tarjan

Cartografia Subhashree Bharti, Tom Coulson, Martin Darlison, Simonetta Giori, Suresh Kumar, Casper Morris

Produção gráfica Jason Little, George Nimmo, Azeem Siddiqui

Produção Linda Dare

Apuração Paula Canal

Revisão Kate Berens

Índice Hilary Bird

Ilustração Chris Orr & Associates, Lee Redmond

Fotografia adicional
Max Alexander, Departure Lounge/Ella Milroy, Departure Lounge/Paul Young, Joan Farre, Heidi Grassley, Alex Robinson, Rough Guides/Ian Aitken, Rough Guides/Chris Christoforou, Rough Guides/Tim Kavenagh.

Atualização
Kate Berens, Alison McGill, Adrian Potts, Ankita Sharma, Rituraj Singh, Hollie Teague, Richa Verma, Penny Walker, Suzanne Wales.

A primeira edição foi produzida pelo Departure Lounge, Londres

Créditos das imagens

Os editores gostariam de agradecer às seguintes pessoas, empresas e bibliotecas de imagens pela permissão de reproduzir suas fotografias:
(**Legenda:** a-acima; b-embaixo; c-centro; f-afastado; e-esquerda; d-direita; t-topo)

123RF.com: Lucian Milasan 7cd; Luciano Mortula 7td; Tagstock Japan 14ca.

4Corners: SIME/Olimpio Fantuz 1c; SIME/Pietro Canali 4cea, 24-5.

Acontaluz: Acontaluz 123bd.

Alamy Images: age fotostock 2td, 36-7, 58te, /Alfred Abad 108ce, /Mike Finn-Kelcey 130te, /Rafael Campillo 66b; Juan Bautista 98cd; Robert Dodge 61td; Peter Erik Forsberg 47be; Hemis 16-7c, /Patrice Hauser 110te; John Henshall 27te; LOOK Die Bildagentur der Fotografen GmbH/Juergen Richter 43td; Stefano Politi Markovina 68be; Giuseppe Masci 55td; National Geographic Image Collection 60bd; Ingolf Pompe 52 60te; Radharc Images 16bd; Sam Bloomberg-Rissman 69b; Gregory Wrona 78cb.

Hotel Arts Barcelona: David Monfil 104cd.

AWL Images: Sabine Lubenow 2te, 4b, 8-9; Stefano Politi Markovina 56-7, 114-5.

Bar Almirale: Bar Almirall 92te.

Bar del Pla: Bar del Pla 84bd.

Big Fish: Big Fish 85ce.

Bobby Gin: Pau Esculies 122te.

Boo: 120te.

BOO Restaurant & Beach Club: BOO Restaurant & Beach Club 104te.

Bridgeman Images: Museu d'Art Contemporani de Barcelona © ADAGP, Paris and DACS, London 2015. Homea, 1974 Eduardo Arranz Bravo (b.1941) 34bd; Museu Picasso, Barcelona © Succession Picasso/DACS, London 2015 Harlequin, 1917, Pablo Picasso (1881-1973) 31te, Seated Man, 1917, Pablo Picasso (1881-1973) 31td, Menu from 'Els Quatre Gats', 1899, Pablo Picasso (1881-1973) 30bc, Las Meninas, No.30, 1957, Pablo Picasso (1881-1973) 30-1c.

Comunikare: Comunikare 110cb.

Corbis: Guido Cozzi 67te; Design Pics/Axiom Photographic 4cdb, /Ken Welsh 39td; Gavin Jackson 35cb; Heritage Images 15te; JAI/Stefano Politi Markovina 72te, 92bd; Jean-Pierre Lescourret 34be; René Mattes 41td; Charlie Pérez 54te; Sylvain Sonnet 18-9c; Sandro Vannini 16c; Wally McNamee 39be.

Museu d'Idees i Invents: 79be.

Cafe de e'Opera: Cafe de l'Opera 64be.

Dorling Kindersley: Museu d'Art Contemporani, Barcelona © Foundation Antoni Tapies, Barcelone/VEGAP, Madrid and DACS, London 2015 Deconstructed bed (1992-3) 35te; Courtesy of the Palau de la Musica Catalana 33te.

Dreamstime.com: Alexvaneekelen 80te; Steve Allen 45bd, 87be, 95td; Danilo Ascione 48td; Christian Bertrand 55ceb, 73td; Daniel Sanchez Blasco 87td; Brandon Bourdages 100td; Byelikova 124te; Catalby 3td, 28cea, 132-3; Charles03 50te; Dennis Dolkens 119be; Dinozzaver 44b; Dnaveh 53c; Edufoto 6cea; Ego450 23te; Elxeneize 16be, 116td; Alexandre Fagundes De Fagundes 41ceb; Fazon1 10be, Fotoember 26cb, 26-7c, Gelia 125td, Iakov Filimonov 43ceb, 52ceb, 72bd, Jackf 50cb, 51b, 70bd, 107td, 126td, 126-7b; Javarman 4cd, 32ce; Jiawangkun 106te; Karsol 12-13c, 17cd; Kemaltaner 4t; Karol Kozlowski 49td; Kyolshin 14be; Lanaufoto 129c; Lavendertime 18ce; Lisja 11te, Loflo69 128bd, Mark52 32-3c, Carlos Soler Martinez 46be, 73cea, Alberto Masnovo 42t, Masterlu 15b; Matteocozzi 40ca; Miff32 71ce; Lucian Milasan 96b; Miluxian 22bd; Miskolin 118t; Mkoudis 11cdb; Luciano Mortula 45te, 68td; Juan Moyano 40be, 46t, 48b, 102-3b; Nito100 70te, 108td; Andrey Omelyanchuk 88be; Pat@xs4ale.nl 22cea; Pathastings 63td; Marek Poplawski 102te; Rquemades 4ce; Santirf 108-9b; Victor Zastol`skiy 97ce; Ron Sumners 65td; Toniflap 48c, 76te; Typhoonski 77td; Vichie81 12bc; Vitalyedush 4ceb, 95b; Dmitry Volkov 89be; Yuri4u80 22-3c; Yuryz 27be.

El Celler de Can Roca: Joan Pujol-Creus 131cdb.

Escriba: Escriba 81cea.

Galeria Cosmo: Galeria Cosmo 112t.

Getty Images: Culture Club 38c; Jean-Pierre Lescourre 71td; Popperfoto 39cea; David Ramos 61ceb; Redferns/Jordi Vidal 58cdb; Sylvain Sonnet 10td.

Granja Dulcinea: Granja Dulcinea 65ceb.

Harlem Jazz Club: 54bd, 83ceb.

Imanol Ossa: 90c.

iStockphoto.com: kanuman 3te, 74-5.

Fundacio Joan Miro: © Successió Miró / ADAGP, Paris e DACS London 2015 11cda, Catalan Peasant by Moonlight 28bc, Tapis de la Fundacio 28-9c, Escultura no jardim do terraço na Fundacio Joan Miro, em Barcelona 29te.

L'Arca: 81bd.

La Mar Salada: 105bd.

Lailo: Geo Kalev 91td.

Le Standard: 121bd.

Bar Lobo: Olga Planas 64td.

Moments/Mandarin Oriental Hotel Group: George Apostolidis 113bd.

Marmalade : Duda Bussolin 93cda.

Dry Martini: Javier de las Muelas 111bd.

Metro: 60c.

Milk Bar & Bistro: Duda Bussolin 82be.

Museu d'Art Contemporani de Barcelona (MACBA): Rafael Vargas 11be, 34-35c.

Polaroids: Meg Diaz 83td.

Razzmatazz: 59b.

Photo Scala, Florence: © Succession Picasso/ DACS, London 2015 Painting of Margot, or Waiting, 1901 Pablo Picasso 11c.

SuperStock: DeAgostini *Virgem dos Consellers* 1445, de Lluis Dalmau 10bd; Fine Art Images *Nossa Senhora da Humildade (Madonna dell' Umilita)* Angelico, Fra Giovanni, da Fiesole (ca. 1400-1455) 20be; Hemis.fr 33bd; Iberfoto / National Art Museum of Catalonia /*O Minueto*. 1756. *Legado de Francesc Camb*, de TIEPOLO, Giovanni Domenico (1727-1804) 20cd, /Ramon *Casas e Pere Romeu em uma bicicleta tandem*. 1897, de CASAS i CARBO, Ramon (1866-1932) 21te, /Ducado com imagem de Filipe V Philip V (1703). Moeda 21cda; JTB Photo 32bd; Joan Miro Foundation, Barcelona © Successió Miró/ADAGP, Paris e DACS London 2015. Escultura 29cd; Picasso Museum, Barcelona © Succession Picasso/DACS, Londres 2015 *Danseuse Naine (La Nana)* 1901 Pablo Picasso (1881-1973 /Espanhol) 30ce.

La Taverna del Clinic: 62t.

The Tatami Room: 99td.

Tinta Invisible: 90be.

Windsor: 62bd.

Capa

Frente e lombada – **Alamy Images:** Jean-Pierre Lescourret.
Contracapa – **4Corners:** SIME / Pietro Canali t.

Capa do mapa destacável

Alamy Images: Zoonar GmbH

Todas as outras imagens © Dorling Kindersley.
Para mais informações: www.dkimages.com.

DK | Penguin Random House

Título original: Top 10 Barcelona

Publicado originalmente no Reino Unido em 2006 pela Dorling Kindersley Limited, uma empresa da Penguin Random House, 80 Strand, WC2R 0RL, Londres, Inglaterra.

ISBN 978-85-7914-475-2
3ª edição brasileira

Coordenação do projeto: Publifolha

Produção editorial: Página Viva

Edição original: DK

Este livro segue as regras do Acordo Ortográfico da Língua Portuguesa (1990), em vigor desde 1º de janeiro de 2009.

Impresso na China.

Foi feito o possível para garantir que as informações deste guia fossem as mais atualizadas até o momento do fechamento desta edição. No entanto, alguns dados, como telefones, preços, horários de funcionamento e informações de viagem, estão sujeitos a mudanças. Os editores não podem se responsabilizar por qualquer consequência do uso deste guia, nem garantir a validade das informações contidas nos sites indicados.

Os leitores interessados em fazer sugestões ou comunicar eventuais correções podem escrever para atendimento@publifolha.com.br.

PUBLIFOLHA
Divisão de Publicações do Grupo Folha
Al. Barão de Limeira, 401, 6º andar
CEP 01202-900, São Paulo, SP
www.publifolha.com.br

UM MUNDO DE IDEIAS
www.dk.com

Frases

Emergências

Socorro!	**Auxili!**	au-**ssi**-li
Pare!	**Pareu!**	**pa**-ré-u
Chame um médico!	**Telefoneu un metge!**	**ta**-la-fon-**é**-u un **mê**-tcha
Chame uma ambulância!	**Telefoneu una ambulància!**	**ta**-la-fon-é-u un-na am-bu-**lán**-ci-a
Chame a polícia!	**Telefoneu la policia!**	**ta**-la-fon-**é**-u la pu-li-**ci**-a
Chame os bombeiros!	**Telefoneu els bombers!**	**ta**-la-fon-**é**-u als bum-**bês**
Onde fica o telefone mais próximo?	**On és el telèfon més proper?**	**on**-es al ta-lé-**fon mês** pro-**pe**
Onde fica o hospital mais próximo?	**On és l'hospital més proper?**	**on**-es luss-pi-**tal mês** pro-**pe**

Comunicação Essencial

Sim	**Si**	si
Não	**No**	no
Por favor	**Si us plau**	**sis pla**-u
Obrigado	**Gràcies**	**gra**-ci-as
Desculpe	**Perdoni**	par-**do**-ni
Olá	**Hola**	**o**-la
Até logo	**Adéu**	a-de-**u**
Boa noite	**Bona nit**	**bó**-na **nit**
manhã	**El matí**	al ma-**ti**
tarde	**La tarda**	la **tar**-da
noite	**El vespre**	al **bes**-pra
ontem	**Ahir**	a-**i**
hoje	**Avui**	a-bu-**i**
amanhã	**Demà**	da-**ma**
aqui	**Aquí**	a-**ki**
ali	**Allà**	a-**lha**
O quê?	**Què?**	**ké**
Quando?	**Quan?**	**kuán**
Por quê?	**Per què?**	par **ké**
Onde?	**On?**	**on**

Frases Úteis

Como vai?	**Com està?**	**kom** as-**ta**
Muito bem, obrigado.	**Molt bé, gràcies.**	mol **bê grá**-ci-as
Prazer em conhecê-lo.	**Molt de gust.**	mol da **gust**
Até mais tarde.	**Fins aviat.**	finz ab-**iat**
Está bem.	**Està bé.**	as-**ta bê**
Onde está/estão...?	**On és/són?**	**on es/son**
Quantos metros/quilômetros há daqui a...?	**Quants metres/kilòmetres hi ha d'aquí a...?**	**kuanz me**-tres/ki-**lo**-ma-tres **ya** da-**ki** a
Como eu faço para chegar a...?	**Per on es va a...?**	par **on** as **bá** a
(O sr./sra.) fala português?	**Parla portuguès?**	**par**-la pur-tu-**gués**
Eu não entendo	**No l'entenc.**	no lan-**teng**
Poderia falar mais devagar, por favor?	**Pot parlar més a poc a poc, si us plau?**	**pót** par-**la mês pók** a **pók sis pla**-u
Sinto muito.	**Ho sento.**	u **sen**-tu

Palavras Úteis

grande	**gran**	**grán**
pequeno	**petit**	pa-**tit**
quente	**calent**	ka-**len**
frio	**fred**	**fréd**
bom	**bo**	**bó**
ruim	**dolent**	du-**len**
suficiente	**bastant**	bas-**tán**
bem	**bé**	**bê**
aberto	**obert**	u-**bér**
fechado	**tancat**	tan-**kat**
esquerda	**esquerra**	as-**kér**-ra
direita	**dreta**	**dré**-ta
sempre reto	**recte**	**rék**-ta
perto	**a prop**	a **prop**
longe	**lluny**	**lhiun**
para cima	**a dalt**	a **dal**
para baixo	**a baix**	a **ba**-ich
cedo	**aviat**	ab-**iat**
tarde	**tard**	**tart**
entrada	**entrada**	an-**tra**-da
saída	**sortida**	**sur**-ti-da
banheiro	**lavabos/serveis**	la-**bá**-bus sar-**bé**-is
mais	**més**	**mês**
menos	**menys**	**mén**is

Compras

Quanto custa, por favor?	**Quant costa això?**	**kuán kóst** as-**chó**
Eu queria...	**M'agradaria...**	ma-grad-a-**ri**-a
Vocês têm?	**Tenen?**	**ten**-an
Estou só olhando, obrigado	**Només estic mirant, gràcies.**	nu-**mês** as-**tik** mi-**rán grá**-ci-as
Aceitam cartões de crédito?	**Accepten targes de crèdit?**	ak-**cêp**-tan **tar**-jas de **kré**-dit
A que horas abre?	**A quina hora obren?**	a **kin**-a ó-ra **ó**-bran
A que horas fecha?	**A quina hora tanquen?**	a **kin**-a ó-ra **tán**-kan
este	**Aquest**	a-**két**
aquele	**Aquell**	a-**kélh**
caro	**car**	**kar**
barato	**bé de preu/barat**	**bê** da **pré**-u/ ba-**rat**
tamanho (roupa)	**talla/mida**	**ta**-lha/**mi**-da
nº (calçados)	**número**	**nu**-mer-u
branco	**blanc**	**blánc**
preto	**negre**	**né**-gra
vermelho	**vermell**	bar-**mélh**
amarelo	**groc**	**grók**
verde	**verd**	**bért**
azul	**blau**	**blá**-u
loja de antiguidades	**antiquari/botiga d'antiguitats**	an-ti-**kuá**-ri/ bu-**ti**-ga/dan-**ti**-gui-**tats**
padaria	**el forn**	al **forn**
banco	**el banc**	al **bánc**
livraria	**la llibreria**	la lhi-bra-**ri**-a
açougue	**la carnisseria**	la kar-ni-ssa-**ri**-a
doceria	**la pastisseria**	la pas-ti-ssa-**ri**-a
farmácia	**la farmàcia**	la far-**má**-ci-a

peixaria	**la peixateria**	la pei-xa-ta-**ri**-a
frutaria	**la fruiteria**	la fru-i-ta-**ri**-a
armazém	**la botiga de queviures**	la bu-**ti**-ga da ka-bi-**u**-ras
cabeleireiro	**la perruqueria**	la pa-rru-ka-**ri**-a
mercado	**el mercat**	al mar-**kat**
banca de jornal	**el quiosc de premsa**	al ki-**ósk** da **prem**-sa
agência do correio	**l'oficina de correus**	lu-fi-**ci**-na da ku-**rré**-us
loja de calçados	**la sabateria**	la sa-ba-ta-**ri**-a
supermercado	**el supermercat**	al su-par-mar-**kat**
tabacaria	**l'estanc**	las-**tánc**
agência de viagens	**l'agència de viatges**	la-**jén**-ci-a da bi-**a**-tchas

Atrações Turísticas

galeria de arte	**la galeria d' art**	la ga-la **ri**-a **dart**
catedral	**la catedral**	la ka-ta-**dral**
igreja	**l'església**	laz-**glê**-zi-a
	la basílica	la ba-**zi**-li-ka
jardim	**el jardí**	al jar-**di**
biblioteca	**la biblioteca**	la bi-bli-u-**té**-ka
museu	**el museu**	al mu-**zé**-u
centro de informações ao turista	**l'oficina de turisme**	lu-fi-**ci**-na da tu-**riz**-ma
prefeitura	**l'ajuntament**	la-jun-ta-**men**
fechado para férias	**tancat per vacances**	tan-**kát** par ba-**kán**-ssas
estação de ônibus	**l'estació d'autobusos**	las-ta-ci-**ô** dau-tu-**bu**-z
estação de trem	**l'estació de tren**	las-ta-ci-**ô** da **trén**

No Hotel

Vocês têm algum quarto vago?	**¿Tenen una habitació lliure?**	**te**-nan **u**-na a-bi-ta-ci-**ô** **lhiu**-ra
quarto duplo com cama de casal	**habitació doble amb llit de matrimoni**	a-bi-ta-ci-**ô** **dô**-bla am **lhit** da ma-tri-**mó**-ni
com duas camas de casal	**habitació amb dos llits/ amb llits individuals**	a-bi-ta-ci-**ô** am **dos lhits/** am **lhits** in-di-bi-du-**als**
quarto de solteiro	**habitació individual**	a-bi-ta-ci-**ô** in-di-bi-du-**al**
quarto com banheiro	**habitació amb bany**	a-bi-ta-ci-**ô** am **bánh**
chuveiro	**dutxa**	**du**-tcha
carregador	**el grum**	al **grum**
chave	**la clau**	la **klá**-u
Eu tenho uma reserva.	**Tinc una habitació reservada**	**ting u**-na a-bi-ta-ci-**ô** ra-zar-**bá**-da

No Restaurante

Tem uma mesa para...?	**Tenen taula per...?**	**te**-nan **tau**-la par
Queria reservar uma mesa.	**Voldria reservar una taula.**	bul-**dri**-a ra-zar-**bá** **u**-na **tau**-la
A conta, por favor.	**El compte, si us plau.**	al **kom**-ta **sius plá**-u
Sou vegetariano/ vegetariana	**Sóc vegetarià/ vegetariana**	**sôk** ba-ja-ta-ri-**á** ba-ja-ta-ri-**á**-na
garçonete	**cambrera**	kam-**brê**-ra
garçom	**cambrer**	kam-**brê**
menu	**la carta**	la **kar**-ta
cardápio com preço fixo	**menú del dia**	ma-**nu** dal **di**-a
carta de vinhos	**la carta de vins**	la **kar**-ta da **bins**
um copo de água	**un got d'aigua**	un **gót da**-i-gua
um copo de vinho	**una copa de vi**	u-na **kô**-pa da **bi**
garrafa	**una ampolla**	**u**-na am-**polh**-a
faca	**un ganivet**	un gan-i-**bét**
garfo	**una forquilla**	**u**-na fur-**kilh-a**
colher	**una cullera**	**u**-na ku-**lhê**-ra
café da manhã	**l'esmorzar**	las-mur-**zá**
almoço	**el dinar**	al di-**ná**
jantar	**el sopar**	al su-**pá**
primeiro prato	**el primer plat**	al pri-**mê** **plát**
entradas	**els entrants**	als an-**tranz**
prato do dia	**el plat del dia**	al **plát** dal **di**-a
café	**el cafè**	al ka-**fé**
mal passado	**poc fet**	**pók fêt**
ao ponto	**al punt**	al **pun**
bem passado	**molt fet**	mol **fêt**

Cardápio

l'aigua mineral	**la**-i-gua - mi-na-**ral**	água mineral
sense gas/ amb gas	**sen**-sa gas/ am-gas	sem gás/com gás
al forn	al **forn**	ao forno
l'all	**lalh**	alho
l'arròs	lar-**róz**	arroz
les botifarres	las bu-ti-**fá**-rras	linguiças
la carn	la **kárn**	carne
la ceba	la **sé**-ba	cebola
la cervesa	la-sar-**bé**-sa	cerveja
l'embotit	lam-bu-**tit**	frios
el filet	al fi-**lét**	filé
el formatge	al fur-**ma**-dja	queijo
fregit	fra-**git**	frito
la fruita	la fru-**i**-ta	fruta
els fruits secs	ala fru-**its séks**	frutas secas
les gambes	las **gám**-bas	camarões
el gelat	al ja-**lat**	sorvete
la llagosta	la lha-**gôs**-ta	lagosta
la llet	la **lhêt**	leite
la llimona	la lhi-**mô**-na	limão
la llimonada	la lhi-mo-**na**-da	limonada
la mantega	la man-**té**-ga	manteiga
el marisc	al ma-**risk**	mariscos
la menestra	la ma-**nês**-tra	sopa de legumes
l'oli	**lól**-i	óleo
les olives	las u-**li**-bas	azeitonas
l'ou	**ló**-u	ovo
el pa	al **pá**	pão
el pastís	al pas-**tis**	torta/bolo
les patates	las pa-**tá**-tas	batatas
el pebre	al **pé**-bra	pimentão
el peix	al **peich**	peixe
el pernil salat serrà	al par-**nil** sa-**lat** sar-**rá**	presunto cru
el plàtan	al **plá**-tan	banana
el pollastre	al pu-**lhas**-tra	frango
la poma	la **pô**-ma	maçã
el porc	al **pórc**	porco
les postres	las **pós**-tras	sobremesa
rostit	ros-**tit**	assado

la sal	la **sal**	sal
la salsa	la **sal**-sa	molho
les salsitxes	las sal-**si**-tchas	salsichas
sec	**sék**	seco
la sopa	la **sô**-pa	sopa
el sucre	al-**su**-kra	açúcar
la taronja	la ta-**ron**-dja	laranja
el te	al té	chá
les torrades	las tu-**rra**-das	torradas
la vedella	la ba-**dê**-lha	vitela
el vi blanc	al **bi blanc**	vinho branco
el vi negre	al **bi né**-gra	vinho tinto
el vi rosat	al **bi** ru-**zat**	vinho rosé
el vinagre	al bi-**ná**-gra	vinagre
el xai/el be	al **tchai**/al **bé**	cordeiro
el xerès	al tcha-**rés**	xerez
la xocolata	la tchu-ku-**lá**-ta	chocolate
el xoriç	al tchu-**ris**	chouriço

Números

0	**zero**	**zé**-*ru*
1	**un (masc)**	**un**
	una (fem)	**un**-*a*
2	**dos (masc)**	**dos**
	dues (fem)	**du**-*as*
3	**tres**	**trés**
4	**quatre**	**kua**-*tra*
5	**cinc**	**cing**
6	**sis**	**sis**
7	**set**	**sét**
8	**vuit**	**bu**-*it*
9	**nou**	**nó**-*u*
10	**deu**	**dé**-*u*
11	**onze**	**on**-*za*
12	**dotze**	**do**-*dza*
13	**tretze**	**tre**-*dza*
14	**catorze**	*ka*-**tor**-*za*
15	**quinze**	**kin**-*za*
16	**setze**	**sét**-*dza*
17	**disset**	*di*-**ssét**
18	**divuit**	*di*-**buit**
19	**dinou**	*di*-**nó**-*u*
20	**vint**	**bin**
21	**vint-i-un**	*bin-ti*-**un**
22	**vint-i-dos**	*bin-ti*-**dôs**
30	**trenta**	**trén**-*ta*
31	**trenta-un**	**trén**-*ta* **un**
40	**quaranta**	*kua*-**rán**-*ta*
50	**cinquanta**	*cin*-**kuán**-*ta*
60	**seixanta**	*sa-i*-**chán**-*ta*
70	**setanta**	*sa*-**tán**-*ta*
80	**vuitanta**	*bu-i*-**tán**-*ta*
90	**noranta**	*nu*-**rán**-*ta*
100	**cent**	**cen**
101	**cent un**	**cent un**
102	**cent dos**	**cen dôs**
200	**dos-cents (masc)**	*dôs*-**cens**
	dues-centes (fem)	**du**-*as* **cen**-*tas*
300	**tres-cents**	**trés**-**cenz**
400	**quatre-cents**	**kua**-*tra*-**cens**
500	**cinc-cents**	**cing**-**cens**
600	**sis-cents**	**sis**-**cens**
700	**set-cents**	**sét**-**cens**
800	**vuit-cents**	**bu**-*it*-**cens**
900	**nou-cents**	**nó**-*u*-**cens**
1.000	**mil**	**mil**
1.001	**mil un**	**mil un**

Tempo

um minuto	**un minut**	**un** *mi*-**nut**
uma hora	**una hora**	**u**-*na* **ó**-*ra*
meia hora	**mitja hora**	**mi**-*tcha* **ó**-*ra*
segunda-feira	**dilluns**	*di*-**lhunz**
terça-feira	**dimarts**	*di*-**mars**
quarta-feira	**dimecres**	*di*-**mê**-*kras*
quinta-feira	**dijous**	*di*-**jó**-*us*
sexta-feira	**divendres**	*di*-**bén**-*dras*
sábado	**dissabte**	*di*-**ssáb**-*ta*
domingo	**diumenge**	*di-u*-**men**-*dja*